日本料理の季節の椀

撮影｜大山裕平
デザイン・DTP｜縄縞友洋
編集｜高松幸治＋丸田 祐

はじめに

「椀」という器は、海外の人にとってJAPAN、ZIPANGUを象徴する素材、「漆」と「金」を使った工芸品であり、日本が誇る文化です。陶磁や金属の碗と違って、軽く、熱を伝えにくいこの食器は、手の平で優しく包み込んで卓上から持ち上げて使われます。匙ではなく箸を使い、ティーカップやグラスのように直接唇を当てて味わう器、それが日本のお椀です。

そのため、椀物という料理は、蓋を空けて初めて目に飛び込む美しさ、顔を近づけた時に立ち上る香り、喉を通る椀地の温度と心地よさを意識して作られねばならず、海外の料理にない洗練されたものとして発展を遂げてきました。「椀刺（わんさし）」という言葉が示すように、日本料理の世界では、刺身と並んで椀物は、献立の花形として捉えられています。椀地に用いるだしとその調味、椀種の仕立て、吸い口の選び方と盛りつけ等々、一つひとつに作り手のセンスと技術が表れ、料理人の修業と研鑽、料理に向き合う姿勢を体現するジャンル、と言っても過言ではありません。

本書では東京、京都、大阪のトップクラスの3人の料理人の方々に、季節の椀物の数々を披露していただきました。「銀座小十」の奥田透氏、「祇園末友」の末友久史氏、「北新地弧柳」の松尾慎太郎氏の作る椀物は、伝統をただなぞるのではなく、技術の本質を捉え、新しい素材や組合せに挑戦する、今の時代にふさわしいものです。また本書の特色としては、盛り付けに用いた椀に関してはすべて空の状態で撮影し、春夏・秋冬の2枚の折込み頁を設けました。料理写真では料理が主となるためにピントが合っていなかったり、写真では写らなかった椀の内側や蓋裏の意匠もすべてわかるように一覧にしています。先人から伝わった宝を将来に受け渡すために、愛読していただけたら幸いです。

目次

003 … はじめに

だしの取り方

008 … 01 ｜ 銀座 小十 … 奥田 透のだし
010 … 02 ｜ 祇園 末友 … 末友久史のだし
012 … 03 ｜ 北新地 弧柳 … 松尾慎太郎のだし

春の椀

016 … 01 ｜ 奥田 透 … 鯛の潮汁
018 … 02 ｜ 末友久史 … 白魚沢煮椀
020 … 03 ｜ 松尾慎太郎 … 蛤の潮仕立て 貝塚産朝掘り筍の葛餅
022 … 04 ｜ 奥田 透 … 蛤の潮汁
024 … 05 ｜ 末友久史 … 焼筍の若竹椀
026 … 06 ｜ 松尾慎太郎 … 黒メバルの菜の花蒸し
028 … 07 ｜ 奥田 透 … 桜海老のすり流し
030 … 08 ｜ 末友久史 … 蛤の葛打ちと山菜 桜仕立て
032 … 09 ｜ 奥田 透 … うすい豆のすり流し
034 … 10 ｜ 松尾慎太郎 … 河内鴨と能勢の川芹の花山椒椀
036 … 11 ｜ 奥田 透 … 鮎魚女の吉野打ち
038 … 12 ｜ 末友久史 … 五月鯉
040 … 13 ｜ 奥田 透 … 春野菜と若竹豆腐のお椀
042 … 14 ｜ 末友久史 … 伊勢海老と花山椒

夏の椀

046 … 01 ｜ 奥田 透 … 蒸し鮑と冬瓜の薄葛仕立て
048 … 02 ｜ 末友久史 … 鱧の山椒焼
050 … 03 ｜ 奥田 透 … 鮑のしゃぶしゃぶと肝豆腐のお椀
052 … 04 ｜ 松尾慎太郎 … 島根県高津川天然鮎の印籠煮と蓼素麺の煮物椀
054 … 05 ｜ 奥田 透 … 牡丹鱧の吉野打ち
056 … 06 ｜ 末友久史 … 毛蟹とじゃがいも饅頭
058 … 07 ｜ 奥田 透 … 鱧 煮めん
060 … 08 ｜ 松尾慎太郎 … 勝浦産天然鮪の冷たい清汁仕立て
062 … 09 ｜ 奥田 透 … 鱸の塩焼きと夏野菜
064 … 10 ｜ 末友久史 … 鮪葛打ち
066 … 11 ｜ 奥田 透 … 玉蜀黍豆腐と鮪吉野打ち

068 … 椀図鑑 … 春の椀図鑑／夏の椀図鑑

秋の椀

076 … 01 ｜ 奥田 透 … すっぽんの丸仕立て
078 … 02 ｜ 末友久史 … 城陽産完熟無花果 紫ずきんの枝豆すり流し
080 … 03 ｜ 松尾慎太郎 … 秋鱧の肝松茸巻き 共出汁椀
082 … 04 ｜ 奥田 透 … 虎魚の丸仕立て
084 … 05 ｜ 末友久史 … 蓮蒸し
086 … 06 ｜ 松尾慎太郎 … 白甘鯛の葛霜仕立て河内蓮根みぞれ汁

088 ··· 07 | 奥田 透 ··· 甘鯛の松茸巻き 甘鯛のだし仕立て
090 ··· 08 | 末友久史 ··· 栗の渋皮煮 飯蒸し
092 ··· 09 | 奥田 透 ··· 甘鯛の黄身打ち 針松茸
094 ··· 10 | 松尾慎太郎 ··· 天然クエの餅栗蒸し 信州の天然茸椀
096 ··· 11 | 奥田 透 ··· 鶉しんじょう
098 ··· 12 | 末友久史 ··· 天然すっぽんと松茸
100 ··· 13 | 奥田 透 ··· 鴨の治部煮椀
102 ··· 14 | 松尾慎太郎 ··· すっぽんの卵豆腐 菊花椀

冬の椀

106 ··· 01 | 奥田 透 ··· ふぐのてっちり椀
108 ··· 02 | 末友久史 ··· 蕪 鮑柔らか煮
110 ··· 03 | 松尾慎太郎 ··· 月の輪熊と豊能町高山水菜のハリハリ椀
112 ··· 04 | 奥田 透 ··· 松葉蟹のかぶら蒸し椀
114 ··· 05 | 末友久史 ··· 栃餅白味噌仕立て
116 ··· 06 | 松尾慎太郎 ··· 明石鯛と天王寺蕪
118 ··· 07 | 奥田 透 ··· 彩り野菜の沢煮椀
120 ··· 08 | 末友久史 ··· 皮剥ぎ 聖護院大根のみぞれ仕立て
122 ··· 09 | 奥田 透 ··· 真鯛と唐墨、亀甲大根の祝い椀
124 ··· 10 | 松尾慎太郎 ··· 河豚白子と豊能町高山牛蒡の雑煮仕立て
126 ··· 11 | 奥田 透 ··· 蟹しんじょう 清汁仕立て
128 ··· 12 | 松尾慎太郎 ··· 泉州の渡り蟹の真薯 共出汁合わせ味噌仕立て
130 ··· 13 | 奥田 透 ··· 帆立しんじょう 清汁仕立て

132 ··· column 01 ··· 椀について
135 ··· column 02 ··· 椀の取り扱い

136 ··· 椀図鑑 ··· 秋の椀図鑑／冬の椀図鑑

椀替わり

144 ··· 01 | 末友久史 ··· 花山椒のしゃぶしゃぶ
146 ··· 02 | 松尾慎太郎 ··· 河内一寸空豆のすり流し
148 ··· 03 | 奥田 透 ··· 豆腐のすり流し 細切り蒸し鮑と生湯葉
150 ··· 04 | 末友久史 ··· 鱧しゃぶ
152 ··· 05 | 松尾慎太郎 ··· 鱧の摺り流し仕立て 玉蜀黍の葛豆腐と赤海胆
154 ··· 06 | 奥田 透 ··· とうもろこしのすり流し 生雲丹と夏野菜のゼリー寄せ
156 ··· 07 | 末友久史 ··· 茸の土瓶蒸し風仕立て
158 ··· 08 | 奥田 透 ··· 蕪のすり流し
160 ··· 09 | 奥田 透 ··· 蟹のだししゃぶ

索引

164 ··· 椀種（主素材）
165 ··· あしらい（副素材）
166 ··· 吸い口（香味）
166 ··· 椀地（汁）

167 ··· 取材先住所＋器協力＋参考文献

だしの取り方

椀物を構成するのは基本として、主体である椀種と、それを補佐する椀づまや差込み、あしらいと呼ばれる副素材、香りの要素である吸い口、そして椀地である。椀地のベースとなるのが一番だし。その作り方には正解があるわけではなく、作り手によってそれぞれ異なり、それが店の味でもある。昆布、カツオ節、水と構成要素は単純だが、何を選ぶか、どのように時間をかけて何度で加熱するか、どのタイミングで漉すか、まさに三者三様である。

だしの取り方 01
銀座 小十

奥田 透のだし

伝統の調理技法でも、なぜそうするのかを常に考え、さらにベストな方法を模索する学究肌の「銀座小十」の奥田氏。そのだしの引き方もまた、随時アップデートされている。一番だしには鹿児島県垂水市の温泉水「テラクア」を使用。昆布は以前は羅臼産を使っていたが、近年の著しい減産のため真昆布に変更。カツオ節は枕崎産本枯節であ

［完成だし］

香りと喉ごしを大事にして、ピュアな仕上がりを目指す。

奥田 透
（おくだ・とおる）

—

1969年静岡県生まれ。高校卒業後、静岡、京都、徳島での10年間の修業を経て、1999年静岡に戻り、「春夏秋冬 花見小路」で独立。2003年7月に銀座8丁目に「銀座小十」を開店。2012年6月には前年に開店した「銀座奥田」と同じビルに移転、拡張を果たす。

る。その日に提供する椀の数から量と時間を逆算して、カツオ節を自店で削り、引きたてを使うようにしている。

昆布を加熱する温度は以前は65〜70℃だったが、今はそれより若干高め。カツオ節を削る機械には、摩擦熱が発生しないものを導入した。毎日の温度や湿度とともに記録を取り、質の安定と向上に気を配る。

一方、二番だしに使う水は故郷である安倍川の伏流水だ。新しい真昆布と削り節、一番だしを引いたあとのだしがらを鍋に入れ、安倍川の水を入れて、ぽこぽこと沸いて削り節が対流するまで火にかける。次第に火を弱めつつ、アクを引きながら2時間ほど煮ていく。はじめ濁っていたのが澄んできて、黄金色の状態になったら完成である。

[プロセス]

[作り方]
1 … 昆布は表面の汚れをふき取って、水に浸け、常温で約3〜4時間おく。
2 … 1を30分間かけて70℃まで加熱する。湯温を保って1時間加熱する。
3 … 2から昆布を取り出し、火を強めて90℃まで湯温を上げる。火を止め、削りたてのカツオ節を入れる。
4 … 適宜アクを除く。カツオが鍋底に沈む直前に、間にペーパータオルをはさんだ漉し器で漉す。

[材料]
真昆布40g、本枯節（枕崎産）35g、ミネラルウォーター「テラクア」2ℓ

だしの取り方 02
祇園 末友

末友久史のだし

「祇園末友」の末友氏が目指すだしは、昆布とカツオ、どちらかが勝ってしまうことのない、バランスのよいもの。そのため、低温で時間をかけて昆布のエキスを徹底的に引き出す今風の方法は採用していない。使う昆布は、京都伝統の利尻産。カツオは枕崎の本枯節である。二番だしは一番だしを引いた後の材料に、同じ分量の水を加え、

[完成だし]

カツオと昆布、どちらか一方が勝ちすぎない調和した味。

末友久史
(すえとも・ひさし)

1973年京都府生まれ。調理師学校卒業後、「祇園丸山」(京都・祇園)で7年間修業する。2004年より「祇園花霞」(同)の料理長を務め、退職後1年間の準備期間を経て、2009年2月に「祇園末友」を開業。2019年春に10周年を迎えるのにあたり、2階に客席を増設。

30〜40分間加熱する。沸騰寸前に昆布を引き上げ、5分間沸かして一番だしの1/2〜1/3の量のカツオ節で追いガツオをする。アクを引いて布漉しし、炊き物などに用いる。これらに使う水は開業のときに掘削した井戸水である。水質の良さもさることながら、井戸水は水温が一定していることが料理を作る上で基準となり、大事な役割を果たすと考えるからだ。

なお吸い地を作る際など、調味に「塩水（えんすい）」を用いるのも、伝統の技の一つ。塩を海水くらいの濃さに溶かしてアクを引いたもので、だしに加えるとさっと広がってくれる。また粒子の状態の塩は同じ体積でも重さに差が出るために、目分量ではブレが生じるが、塩水ならばそれがない。

[プロセス]

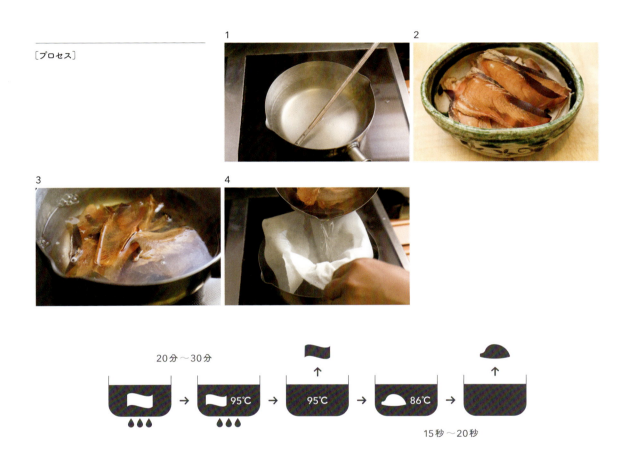

[作り方]

1 … 昆布を水に浸け、夏は20分、冬は30分かけて95℃まで温度を上げる。昆布を取り出し、火を止めて、86℃まで温度を下げる。
2 … カツオ節を10分間蒸して柔らかくした後、厚く削る。
3 … カツオ節を加え、アクを引く。
4 … 色の変化や味を見つつ、15秒から20秒ほど経ったらネルの袋で漉す。

[材料]

利尻昆布 適量
枕崎産本枯節 適量
井戸水 適量

だしの取り方 03
北新地 弧柳

松尾慎太郎のだし

「北新地弧柳」の献立は、通り一遍のものではなく、松尾氏の創意工夫を加えた独自性の高い構成だ。「先附」の後に、旬の浪速野菜を中心に各種調理技法で表現する「小鉢」が来て、魚介類の豊富な大阪湾にちなみ「魚庭(なにわ)」と名づけた5種類のお造りが登場する。これが献立の前半のメインディッシュである。その次が本書で取り

［完成だし］

大阪の伝統を守るべく、真昆布にはこだわる。

松尾慎太郎
(まつお・しんたろう)

―

1975年大阪府生まれ。調理師学校卒業後、「浪速割烹㐂川」(大阪・法善寺横丁) に入り、12年間修業する。独立をめざして退職した後、居酒屋「キッチン和(にこ)」(大阪・心斎橋) やフランス懐石「星家」(大阪・北新地) を経て、2009年3月に「北新地弧柳」を開業する。

上げる椀物の「煮物椀」。そして旬の食材の個性を生かした創意工夫の「旬菜」、炭火焼を中心とする魚料理の「魚肴」、「猪口」、「肉肴」…と続いていく。

一番だしは仕込み用と、営業直前用と1日の中で2回引き、二番だしは引かない。献立の中にいわゆる「炊合せ」がなく、野菜の持ち味を大事にする松尾氏の場合、すべて一番だしで対応している。昆布は道南産の真昆布の中でも、旨みが充分に引き出された尻岸内の三年蔵囲いを使用。カツオ節は枕崎産の荒節である。そして水は、一番だしに限らず、お茶まですべて箕面の山の湧水を使用する。軟水器などいろいろ試した結果たどり着いたもので、浪速野菜を納める業者にお願いし、運んでもらっている。

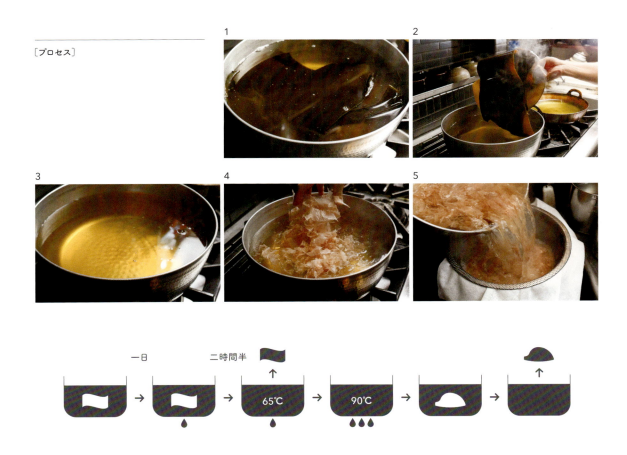

［プロセス］

［作り方］

1 … 真昆布は厚くて旨みが出るのに時間がかかるので、前日から水に浸けておく。
2 … 弱火で2時間半かけてゆっくり加熱し、65℃まで温度を上がったら昆布を引き上げる。
3 … さらに加熱し続け、90℃弱まで温度を上げる。
4 … 火を止めて薄削りのカツオ節をたっぷりと加える。量は昆布だしの味をみてそのつど加減する。
5 … すぐに布漉しする。

［材料］

真昆布（尻岸内三年蔵囲い）80g
荒節（枕崎産）適量
水（箕面の天然湧き水）2ℓ

春の椀

季節順に椀物を紹介する本書の筆頭のテーマは春。タイやシラウオ、ハマグリといった旬を迎えた魚介、ほろ苦さやアクが個性の菜ノ花や山菜、エンドウに代表される春野菜、出会いのものとしてはタケノコとワカメの組合せが活躍する。吸い口も現在は通年栽培のものが多くて季節感が薄れてきたとはいえ、木ノ芽や三ツ葉はまさに春のもの。この時期しか出回らない花ザンショウなど、緑が目に鮮やかで、華やかさをもたらしてくれる。

春の椀 01
奥田 透（銀座 小十）

鯛の潮汁

タイの中骨と中落ちから引いた風味豊かなだしに、酒蒸ししたタイの頭を椀種として合わせた。だしに加えた日本酒が、個別に調理しただしと椀種をつなぐ役割を果たしている。タイの旨みを味わい尽くす一品だ。

新鮮な魚介でだしを引き、同じ素材を椀種として味わう潮汁。素材自身の旨みを生かし、同時に雑味を抑えただしを引くのがポイントだ。今回のタイでは中骨と中落ちには塩をふらずに用いて素材の風味を尊重し、霜降りによって臭みを抜くとともに表面を固めて旨みを凝縮。一方、椀種のタイの頭は煮出すと旨みが抜けるため、だしとは別に酒蒸しにした。この際、塩が強いと皮が固まって身の内側まで塩分が行き渡らないため、薄めに塩をして常温で20分間ほど置く。

個別に仕立てただしと椀種で、タイの魅力を品よく表現

[プロセス]

[作り方]

1 … タイの頭は、上顎の中心線に沿って包丁を入れて二等分する。割りやすいよう、下顎の中心にも切り込みを入れる。

2 … 1を4〜5片に切り分ける。ヒレは適宜カットし、形を整える。

3 … 2の両面に塩をふり、20分間ほどおく。

4 … 蒸し器に昆布(分量外)を敷き、少量の日本酒(分量外)をふり、3のタイをのせて5分間ほど蒸す。

5 … タイの中骨と中落ちを適宜に切る。

6 … 5を霜降りにして、すぐに氷水に取る。

7 … 鍋の底に昆布を敷き、水、日本酒、水気をきった6を入れて加熱する。

8 … アクを除きながら澄んでくるまで加熱する。塩で味をととのえ、漉す。1人分約200ccを、4のタイと水でもどしたワカメを盛った椀に張る。水にさらした白髪ネギと芽ネギをあしらう。

[材料](2人分)

タイの頭1尾分(うち1/2を使用)、タイの中骨と中落ち1尾分、日本酒400cc、昆布15g、水2ℓ、塩、ワカメ、ネギ、芽ネギ 各適量

春の椀 017

春の椀 02
末友久史（祇園 末友）
白魚沢煮椀

さっと火を入れた稚アユの柔らかさを楽しんでもらう椀。桜の花びらの形にむいたウドとニンジン、吸い口には木ノ芽を散らし、春の風情を演出する。

活けで届いたウロコのないアユの稚魚を、さっと加熱

野菜の細切りや豚の脂身ではなく、活けのアユの稚魚をたっぷりと入れた沢煮椀。まだウロコが発達する前のアユは琵琶湖では「氷魚（ひうお）」と呼ばれ、伝統的な「えり網」で採られ、釜揚げや素干しにしてちりめんじゃこのように食べられてきた。活けの魚ならではのくせがあるので、臭み消しの煮切り酒を昆布だしに対して2割ほどの量を加える。

［プロセス］

1

2

3

4

［作り方］

1 … 活けのアユの稚魚を求める。水洗いし、ザルにとる。
2 … 煮切り酒を加えた昆布だしを沸かす。
3 … 1のアユの稚魚を加える。
4 … 白く色が変わったらアクを取り、すぐに火を止める。塩水、淡口醤油少量で調味し、椀に張る。ウドとニンジンを花びらの形にむく。木ノ芽を添える。

［材料］

アユの稚魚
ウド、ニンジン、木ノ芽 適量

春の椀 ● 019

春の椀 03
松尾慎太郎（北新地 弧柳）

蛤の潮仕立て 貝塚産朝掘り筍の葛餅

えぐみのない木積産のタケノコを葛で寄せ、ハマグリでだしを取った潮汁で提供する。透明な板ワラビでおおい、花びらにむいたウドと木ノ芽を吸い口とする。

えぐみのない朝掘りのタケノコをハマグリと共に

貝塚市の木積（こづみ）地区は粘土質の土地で、江戸時代から続くタケノコ産地。「えぐみがなくて柔らかい真っ白な朝掘りのタケノコは、京都産に勝るとも劣りません」（松尾氏）。このタケノコを糠ゆがきせずに直炊きして椀種にするとともに、根元の固い部分はすりおろして葛餅とする。タケノコの椀といえばカツオだしとワカメとの組合せが定番だが、同じく磯の香りであるハマグリと出会わせている。

［プロセス］

1

2

3

4

5

6

［作り方］

1 … タケノコの皮をむき、切り分ける。タケノコと姫皮はかつおだしを利かせた一番だしで火を入れる。根元の固い部分は生のまま卸し金ですりおろす。
2 … ミキサーに1のすりおろしと姫皮を入れ、1の煮汁でのばし、白醤油、塩で調味する。
3 … 鍋に入れ、火にかけ、吉野葛を少しずつ加えて20分間中火にかけて練る。流し缶に流し、氷水で冷やし、冷蔵庫で1日おいて落ち着かせる。
4 … ハマグリを天然水、酒で炊く。殻が開いたら取り出し、汁に天日塩、淡口醤油、カツオだし少量（分量外）を加えて味をととのえる。
5 … 足の固いところに包丁目を入れる。
6 … 板ワラビは一晩水に浸し、ゆがいてもどす。椀に1のタケノコ1切れと温めた3、5のハマグリを盛る。板ワラビをかぶせ、4の潮汁を張り、花びらウド、木ノ芽を散らす。

［材料］（2人分）

ハマグリ2個（280g）、朝掘りタケノコ1本、カツオ昆布だし、白醤油、塩 適量
ウド、板ワラビ、木の芽 適量
天然水90cc、酒45cc、天日塩、淡口醤油 各適量

春の椀04
奥田 透（銀座 小十）
蛤の潮汁

茨城・鹿島灘産の大ぶりなハマグリをぜいたくに用いた潮汁。ハマグリを煮出す際に加える水分は極力少量に留め、素材自身の塩気を生かした仕立てに。春の息吹を感じさせる芽カンゾウとウドをあしらった。

最小限の水分で、ハマグリの香りと触感を効率的に引き出す

旨みのある大型のハマグリでだしをとった潮汁。ハマグリの塩抜きは真水に浸けて行なうことも多いが、奥田氏は海水よりも少し薄めの塩水に45分〜1時間浸けて、ほどよい塩味を残す。だしを引く際は、ハマグリと必要最小限の水、日本酒を入れた鍋に蓋をし、蒸し煮に。「鍋にたっぷり水を張り、蓋をせずに煮詰める従来のやり方だとハマグリの苦みが出たり、旨みが抜けたりしやすい」（奥田氏）ためで、ハマグリの柔らかな触感と風味の高さが感じられる仕上がりが理想。

[プロセス]

1

2

3

4

5

6

7

[作り方]

1 … ハマグリを水洗いし、傷んでいるものがあれば取り除く。塩分濃度1.5％の塩水に40分間〜1時間浸け、塩抜きをする（浸け水の塩分濃度は1.8％ほどに上昇する）。

2 … 鍋の底に昆布を敷き、1、水、日本酒を入れる。蓋をして火にかける。

3 … 2のハマグリの口が開きはじめたら鍋の蓋を外し、アクを取り除く。

4 … 3をさらに加熱しながらアクを除き、ハマグリの口が完全に開いたら火を止める。ハマグリと昆布を取り出し、だしの一部はそのまま椀地に、一部は浸け地とする。

5, 6 … 4のハマグリの固い足の部分に切り目を入れてから二等分する。

7 … ハマグリを4の浸け地に1時間ほど浸ける。温めて椀に盛り、塩ゆでし水にさらしたウドと芽カンゾウをあしらう。温めた4の椀地を張る。

[材料]（4人分）

ハマグリ10個、日本酒100cc、昆布10g、水1ℓ、ウド、芽カンゾウ 各適量

春の椀 05
末友久史（祇園 末友）
焼筍の若竹椀

アクのないタケノコを香ばしく焼き、鳴門産の生ワカメと組み合わせた。定番中の定番で、変化のつけようがなさそうな若竹椀にも、無理のない最小限のアレンジを加えることで、新しい一品が生まれる。

香ばしさをアクセントに、王道の組合せにアレンジを

「若竹椀」は旬のタケノコとワカメを出会わせる王道の椀物であるが、ここではタケノコを炭火で焼くことで香ばしさをつけ、味を凝縮させている。アクが少なくて柔らかい京都のタケノコと、焼くことで香りが立つ炭火ならではの料理と言えるだろう。タケノコは糠などを用いずに井戸水だけでゆがいており、「ワカメは産地によっては苦みがある」（末友氏）中で、甘く香りのよい鳴門産の生ワカメを選んでいる。

［プロセス］

1  2

3  4  5

6  7

［作り方］
1 … 京都産のタケノコ。
2 … 先端から皮に切り込みを入れる。
3 … 井戸水に入れて火にかけ、アクを引きながら1時間半ほどゆでる。ゆで汁に浸けたまま冷まし、手が浸けられるくらいの温度になったらタケノコを引き上げる。
4 … タケノコの皮をむき、網にのせ、炭火で焼いて焼き目をつける。
5 … 鳴門産の生ワカメをきざむ。
6 … 沸かした一番だしにタケノコを入れ、ワカメを加える。
7 … 塩水、淡口醤油で味をととのえる。ワカメに火を通しすぎないようにすぐに椀盛りし、木ノ芽をのせる。

［材料］
タケノコ、ワカメ 適量
一番だし、塩水、淡口醤油 適量
木ノ芽 適量

春の椀06

松尾慎太郎（北新地 弧柳）

黒メバルの菜の花蒸し

春を代表する魚である黒メバルの椀。わずかに黄色の花が見える一分咲きの菜ノ花をのせて蒸し上げている。ワラビは穂先を前盛りに、軸はきざんでワラビ豆腐によせて、盛りつけの台とする。

春が旬の黒メバルにふんわりと菜ノ花をのせる

大阪ではカサゴを「赤メバル」と呼び、それに対してメバルは「黒メバル」と呼び分けている。黒メバルのほうがより高級で、瀬戸内海の春を告げる魚だ。これを霜降りにしてから八方地でさっと炊き、最後に菜ノ花をのせて蒸し上げ、椀種とする。そのため火を通しすぎないように、できあがりから逆算して加熱していく。黒メバルは楊枝を刺して丸めておくと包丁目がきれいに開き、菜ノ花ものせやすい。

[プロセス]

[作り方]
1… メバルを三枚におろし、塩をあてておく。
2… ワラビに灰をまぶし、熱湯をかけて、アルミホイルで蓋をして一晩おく。水によくさらし、八方地で炊く。鍵ワラビ（穂先の部分）を切り落とし、とりおく。
3… 軸の部分を粗くきざむ。フード・プロセッサーに入れ、2の地でのばし、回す。
4… 3にすり身、ヤマノイモ、卵白を加える。
5… 4を流し缶に流す。蓋を少しずらして中火で5分、弱火で15分間蒸す。
6… 1のメバルに包丁目を入れ、葛をまぶし、霜降りする。
7… 楊枝を刺して丸形を整え、酒、塩、淡口醬油を加えた八方地でさっと火を通す。
8… 菜ノ花を塩ゆでし、粗くきざむ。少量のメレンゲ（分量外）でつないで7の上にのせ、蒸し上げる。5を盛り、花ユズ、2の鍵ワラビをあしらう。

[材料]（2人分）
黒メバル1尾（250～300g）、菜の花
すり身、ヤマノイモ、卵白 適量
吸い地（一番だし200cc、淡口醬油、酒、塩）
ワラビ、花ユズ 適量

春の椀 ● 027

春の椀07
奥田 透（銀座 小十）

桜海老のすり流し

春らしい桜色をしたサクラエビのすり流しに、酒蒸ししたタイやタラノメなど、春の食材を合わせた。椀種を盛る台として用いたのは自家製の玉子豆腐。穏やかな風味とつるんとした触感が、すり流しと好相性だ。

ていねいなアク引きでサクラエビの旨みを抽出

すり流しは、だしにすり流した素材そのものが主役といえる仕立て。それだけに、見た目からも時季を感じさせられる旬の素材を使いたい。ここで用いたのは、鮮やかなピンク色とエビ独特の甘みが持ち味のサクラエビ。その特徴を最大限に生かすため、裏漉ししたサクラエビを冷たいだしに溶き入れ、泡立て器でかき混ぜながら徐々に加熱していくことで雑味を抑えつつ、変色したりダマが出たりするのも防いでいる。仕上げにだし溶き葛を加えて、ごくなめらかな口当たりに。

[プロセス]

[作り方]

1、2…サクラエビをボウルに取り、2本の竹串でヒゲを絡め取る。

3、4…1をフード・プロセッサーでペースト状になるまで回し、中目より一段階細かな目の裏漉し器にかける。

5…鍋に冷ました一番だしと4を入れ、火にかける。

6…弱火で温めながら、シリコン製の泡立て器で溶かし混ぜる。ダマにならないよう混ぜながら、アクをていねいに除く。

7…塩、淡口醤油、酒で味をととのえ、一番だしで溶いた葛粉を加え混ぜる。

8…タイに薄塩をして20分間おいた後、酒蒸しする。玉子豆腐を盛った椀に7の地を張り、タイをのせ、地浸けしたタラノメ、吸い地で炊いたシイタケ、花びらに切った京ニンジンとダイコンをあしらう。木ノ芽を天盛りする。

[材料]（2人分）

サクラエビ130g、一番だし300cc、塩、淡口醤油、酒 各少量、葛粉 適量

玉子豆腐、タイ、タラノメ、シイタケ、京ニンジン、ダイコン 各適量

春の椀 029

春の椀 08
末友久史（祇園 末友）

蛤の葛打ちと山菜 桜仕立て

ハマグリの上に山菜の白仙揚げをこんもりと盛りつけた。山菜のほろ苦さと衣の軽い触感がアクセントになっている。赤と白の桜麩で季節を表現する。

潮仕立ての
ハマグリの椀に
山菜の白仙揚げ
という意外さ

葛打ちして昆布だしに落とした、つるりとした弾力のあるハマグリに、山菜のほろ苦さを組みあわせた。山菜は白仙揚げにしており、揚げたてを椀に天盛りにして、湯気を吸ってへたれる前にすぐ提供する。厨房と客席の距離が近い、板前割烹ならではの一品。山菜の衣は片栗粉ではなく、小麦粉とコーンスターチを同割で合わせたもので、白く仕上げつつも、椀に入れても衣が崩れにくい。

［プロセス］

［作り方］

1 … ハマグリの殻に貝むきを差し込み、貝柱を切りはずす。

2 … 身を取り出す。殻に貯まった汁は椀地に入れるため、とりおく。

3 … 足の固い部分に切り目を入れる。

4 … 刷毛で吉野葛を打つ。

5 … 昆布だしに落とし、火を入れる。ハマグリを引き上げ、2のハマグリの汁を加え、煮切り酒少量、淡口醤油、塩水で味をととのえる。

6 … 山菜はワラビ、フキ、コゴミ、つぼみ菜、葛の葉、タラノメ、ツクシ。フキは皮をむき、笹打ちにしておく。

7 … コーンスターチと小麦粉を同量ずつ混ぜ合わせ、刷毛で山菜にまぶす。

8 … 油で揚げる。5のハマグリと紅白の桜麩を椀に盛り、5の汁を張る。山菜とワサビの花を添える。

［材料］

ハマグリ 適量

昆布だし、煮切り酒、淡口醤油、塩水 適量
ワラビ、フキ、コゴミ、つぼみ菜、葛の葉、タラノメ、ツクシ、ワサビの花、紅白桜麩 適量

春の椀 • 031

春の椀 09
奥田 透（銀座 小十）
うすい豆のすり流し

エンドウの一種であるウスイマメは、裏漉しするとさらに緑色の鮮やかさが際立つ素材。酒蒸ししたシラウオを合わせ、白と緑のコントラストを楽しむ仕立てに。

ウスイマメの鮮やかな緑色を存分に生かす

柔らかな触感と甘み、鮮やかな緑色が持ち味のウスイマメ。色鮮やかさを損なわないように、ゆでる前に塩をふって色出しし、豆の発色を助ける銅鍋を用いて強火で短時間で火を通す。また、ゆでたウスイマメを水にさらす際は、色よく仕上げるために氷水を用いているが、皮が縮みやすいので、飾り用の豆は別にとりおくとよい。ペーストをだしでのばす際は、ウスイマメの存在感を重視しながらも、「吸いものらしい喉ごしのよさ」が出るように濃度を調整することもポイントだ。

[プロセス]

[作り方]

1 … ウスイマメに塩をふり、こするように混ぜ、しばらくおいて色出しする。

2,3 … 1を銅鍋でさっと塩ゆでし、氷水に落とし、色止めする。仕上げ用に使う分は常温の水に落とし、水気をきってとりおく。

4,5 … 3をフード・プロセッサーでペースト状になるまで回し、裏漉し器にかける。

6 … 鍋に冷ました一番だしと5を注ぎ、火にかける。弱火で温めながらシリコン製の泡立て器で混ぜ、アクをていねいに除く。

7 … 塩、淡口醤油で味をととのえ、一番だしで溶いた葛粉でとろみをつける。

8 … シラウオに薄塩をして10分間おいた後、酒蒸しする。玉子豆腐を盛った椀に7の地を張る。玉子豆腐の上に軸ミツバで結わえたシラウオをのせ、地浸けしたワラビと仕上げ用のウスイマメをあしらう。

[材料]（2人分）

ウスイマメ100g、一番だし300cc、塩、淡口醤油 各少量、葛粉 適量

玉子豆腐、シラウオ、ワラビ、ミツバ 各適量

春の椀 ● 033

春の椀 10
松尾慎太郎（北新地 弧柳）
河内鴨と能勢の川芹の花山椒椀

焼き目をつけた河内鴨の抱き身と、ほろ苦さと香りのある春の山菜の組合せ。椀づまのよもぎ麩にも香ばしい焼き目をつけ、吸い口に香り高い花ザンショウをたっぷりと天盛りする。

水辺の素材、河内鴨と能勢の川セリを調和させる

大阪の松原市特産の合鴨である「河内鴨」と能勢の川に生えた天然の川セリという、水辺で育つ素材同士を出会わせた。河内鴨やセリはただ焼いたり地浸けしたりして、最後に椀盛りするのではなく、それぞれ地でさっと炊いておき、味を調和させている。また鴨の脂や香ばしさに負けないノビル、花ウドなどの山菜や、白アスパラガスといった春の素材も一緒に盛る。

［プロセス］

1
2
3
4
5
6

［作り方］
1…白アスパラガスを八方地で直炊きする。
2…河内鴨の胸肉に塩をあてておく。炭火で皮目を焼く。
3…一番だしを塩、淡口醤油、ミリン、酒で調味して、沸かす。2の河内鴨を入れてさっと炊き、引き上げる。
4…3の鍋にセリ、ノビル、花ウドを加えて炊く。
5…4を岡上げする。花ザンショウも同様に煮汁で温める。
6…ヨモギ麩に油を塗って焼く。白アスパラガス、河内鴨を盛り、5の煮汁を張り、花ザンショウを天盛りする。

［材料］（2人分）
河内鴨胸肉70g、白アスパラガス2本、よもぎ麩、花ザンショウ 適量
吸い地（一番だし200cc、酒、淡口醤油、ミリン、塩 適量）
セリ、ノビル、花ウド 適量

春の椀 11
奥田 透（銀座 小十）

鮎魚女の吉野打ち

葛粉をまぶして塩湯に落としたアイナメに、炭火で炙って焼き色をつけたヨモギ麩とタラノメを合わせた。旬を迎えたアイナメは大ぶりに切り、脂がのりつつもしっかりとした身質を楽しめる仕立てとしている。

葛粉の膜を身にまとわせ、なめらかに仕上げる

身が厚く脂ののったアイナメは、春を代表する魚の一つ。奥田氏はその日に血抜きした身の活かったものを使用。小骨が多いため入念に骨切りと骨抜きを行なった後、「花びら」をイメージして大きめのそぎ切りにし、葛粉でコーティング。旨みを閉じ込めるとともに身崩れを防ぎ、プルプルとした触感を楽しめる仕立てとした。葛を打った身は塩湯に落として火を入れるが、余分な葛粉は風味を損なう原因となるので、加熱後に同じ塩分濃度の湯で身を洗うひと手間をかける。

[プロセス]

[作り方]

1 … アイナメは三枚におろし、包丁を斜めにして約3mm幅で切り目を入れる。
2 … 切り目を指先で触れて確認しながら、上身の中骨の下にある小骨を抜く。
3 … 2を約7cm幅に切り分け、薄塩をして10分間ほどおく。
4 … 刷毛で3にまんべんなく葛粉をはたく。
5 … 塩分濃度0.3%の塩水(分量外)を沸騰させ、4を落とし入れる。
6 … アイナメが浮き上がったら取り出す。
7 … 別鍋に用意した塩分濃度0.3%の塩湯に入れて余分な葛を落とし、水気をきる。
8 … 炭火で焼き色をつけてからだしで炊いたヨモギ麩とシイタケを7とともに椀盛りする。地浸けしたタラノメを添え、吸い地を張る。千切りにしたウドと叩いた木ノ芽を合わせ、天にあしらう。

[材料](5人分)

アイナメ1尾、塩、葛粉 各適量
一番だし750cc、塩、酒、淡口醤油 各適量
ヨモギ麩、タラノメ、シイタケ、ウド、木ノ芽 各適量

春の椀 ● 037

春の椀 12
末友久史（祇園 末友）
五月鯉

皮つきのコイを揚げてウロコを立たせ、それのみを椀盛りしたシンプルな料理。椀地はコイの骨から取っただしで仕立て、蝶の形にむいたカボチャを天に飾る。

京都らしい川魚を使った温故知新の椀料理

本来海から遠かった京都では、ハモのような生命力の強い魚や一塩したグジのような塩干物の他には、琵琶湖で採れる淡水魚が多く用いられてきた歴史がある。中でもコイは滝を登りきると龍になるという故事や、大ぶりで食べでがあることから喜ばれてきた素材の一つ。活けのコイはぬめりがあり、血も多く出るので、海魚とは違った難しさがある。ここでは松笠揚げにすることで川魚特有のくさみを感じさせず、ウロコの触感をアクセントとした。

［プロセス］

［作り方］

1 … 活けのコイの脳天を包丁で叩いて気絶させ、頭を切り落とす。
2 … 三枚におろす。すべりやすいので目打ちを身の端に打ってまな板に固定し、逆さ包丁で腹骨をはずす。おろした時に出た中骨や腹骨はとりおく。
3 … 身の中央に並んでいる小骨は、抜こうとすると身も崩れてしまうので、身ごと切り除く。
4 … ハモの骨切りの要領で身に切り目を入れて、皮の近くの小骨を切断する。
5 … 油で揚げる。
6 … 2の中骨や腹骨、3の小骨つきの身を網にのせ、きつね色になるまで素焼きする。
7 … 昆布だしに入れ、半量まで煮つめる。
8 … ペーパータオルをのせたザルで漉し、淡口醤油と濃口醤油で味をととのえる。ショウガの搾り汁を加える。5を盛った椀に張り、蝶の形にむいたカボチャを天盛りする。

［材料］

コイ1尾、昆布だし、濃口醤油、淡口醤油 適量

ショウガの搾り汁、カボチャ（蝶の形にむいてゆで、吸い地あたりの二番だしに浸ける）適量

春の椀

春の椀 13
奥田 透（銀座 小十）
春野菜と若竹豆腐のお椀

たっぷりと盛られた春野菜と、大ぶりに切った若竹豆腐を主役に据えた季節感あふれるお椀。タケノコの煮汁をベースにした吸い地で全体の味をまとめている。天盛りしたウドと木ノ芽が触感と香りのアクセント。

タケノコ風味の吸い地で素材の風味を椀いっぱいに広げる

コゴミやワラビ、ソラマメなど盛りだくさんの山菜と野菜のお浸しの下から風味豊かな若竹豆腐が顔を出す、春の野菜が主役がお椀。吸い地にはタケノコを炊いた煮汁と一番だしを同割にしたものを用い、タケノコの風味を生かしている。「コースの山場にこうした野菜尽くしのお椀を提供するのも、時代性を考えると一つのアイデアだと思います。女性客向けコースやランチの一品など、提供の仕方を工夫することで付加価値の高い献立となるのではないでしょうか」（奥田氏）。

[プロセス]

[作り方]

1, 2… 春野菜（ワラビ、ウドを除く）を塩ゆでし、水水に落とす。それぞれ吸い地加減の二番だしに浸ける。ワラビは二番だし9、淡口醤油1、ミリン1の割合の地で炊く。ウドは水にさらして薄切りする。

3… 2の野菜類の汁気をきり、軽く混ぜる。

4… 若竹豆腐を作る。タケノコを下ゆでし、二番だし、塩、淡口醤油、濃口醤油、酒、ミリンの割合の地で炊く。

5, 6… 全卵を溶き混ぜながら、塩と淡口醤油を加えた二番だしを加える。漉す。

7… 21cm角の流し缶に薄切りしたタケノコ、水でもどしたワカメを詰め、6の地を流し入れる。弱火で20分間蒸し、粗熱を取る。

8… 椀に適宜に切った7を盛り、3の野菜類をのせる。タケノコの煮汁を一番だしでのばし、塩、淡口醤油で味をととのえた吸い地を張る。木ノ芽を天に飾る。

[材料]（2人分）

春野菜（菜ノ花、コゴミ、タラノメ、ソラマメ、ウルイ、セリ、ワラビ、ウド）、木ノ芽 各適量

タケノコ、ワカメ 各適量

全卵 5個、二番だし 150cc、塩、淡口醤油 各適量

一番だし、タケノコの煮汁、塩、淡口醤油 各適量

春の椀 14
末友久史（祇園 末友）
伊勢海老と花山椒

ほんのりと赤い海老しんじょうに、伊勢エビの内子のオレンジ色と花ザンショウの緑が映えるこの椀は、伊勢エビの禁漁時期が迫った、花ザンショウの出回る短い時期にしか作れない。

殻からとっただしで味わう伊勢エビづくしの椀

粗く刃叩きした伊勢エビの身で作る、海老しんじょうの椀。すり身などは加えずに、みそや内子を混ぜ合わせて最小限のつなぎで寄せている。椀地も素焼きした伊勢エビの殻から取った共だしで、丸仕立てのように酒をきかせて長時間煮て抽出した、濃厚なもの。香りの高い花ザンショウを天盛りして、味のバランスをとっている。

［プロセス］

［作り方］
1 … 伊勢エビの殻を割って身をはずし、みそ、内子をとりおく。殻とヒゲもとりおく。身は薄皮を除き、適宜な大きさに切り分ける。
2 … 身を刃叩きし、1のみそと混ぜ合わせる。
3 … ボールにとって片栗粉を加える。
4 … 1の内子の半量を混ぜ合わせる。
5 … さじですくい、約80℃の湯に落とす。
6 … 5分くらいゆで、色と固さをみて引き上げる。
7 … 1の伊勢エビの殻を網で素焼きする。昆布だし、酒を張った鍋に入れ、アクを引きながら2時間ほど煮てアルコールをとばす。
8 … ペーパータオルを敷いたザルで殻を漉し、塩で味をととのえる。5の伊勢エビのしんじょうを盛った椀に張る。ゆでて色出しして椀地にくぐらせた花ザンショウと4の残りの内子を天盛りする。ゆでて色出しした伊勢エビのヒゲを飾る。

［材料］
伊勢エビ、片栗粉、花ザンショウ
昆布だし、酒 適量

夏の椀

夏、とくに盛夏の8月は、椀物を提供するには一番難しい時期だ。椀地はくどくなく、すっきりとした喉ごしが求められるため、基本となる吸い地の真価が問われる季節でもある。清涼感のあるガラス器に冷たい汁を少量、といった椀替わりに頼りたくなるところだが、旬を迎えるアワビやコチ、梅雨時のハモや解禁を迎えたアユなど、夏ならではの素材があり、トウガンやナスのような夏野菜ともども、暑さを忘れさせる一品に仕立てたい。

夏の椀 01
奥田 透（銀座 小十）

蒸し鮑と冬瓜の薄葛仕立て

7時間かけて柔らかく蒸し上げたアワビの厚切りと、触感を残して炊いたトウガンの相性のよさを楽しむ一品。シンプルな仕立てとしつつ、旨みのしみ出たアワビの蒸し汁を吸い地に加え、アクセントとしている。

蒸しアワビの旨みと柔らかさをシンプルな仕立てで生かす

身の厚い500gほどのアワビを7時間かけて蒸し、柔らかな身からあふれ出す旨みを楽しむ仕立てに。アワビの肝を添え、ショウガと青ユズをふって、最小限の要素で蒸しアワビとトウガンという出合いの組合せを引き立てる。「蒸しアワビはそれ自体で完成された伝統的な品なので、シンプルな仕立てに向きます」(奥田氏)。吸い地には薄葛を引いて、もっちりとしたアワビとの一体感を高めると同時に、アワビの旨みと塩気がしみ出た蒸し汁を少量加えてアクセントとした。

［プロセス］

［作り方］

1… 殻を下にしたアワビをバットに入れて酒をふり、ラップ紙をかけて蒸籠で7時間蒸す。バットに残った蒸し汁はとりおく。

2、3… 1のアワビの殻をはずして汚れを除き、身と肝に分ける。身を約7mmの厚さにそぎ切りし、両面に切り目を入れる。

4… アワビの肝を約1cm大に切る。

5、6… トウガンの皮を薄くむき、切り整える。皮側の青い部分には、味がしみ込みやすくなるよう切り目を入れる。

7… 6を米のとぎ汁で下ゆでした後、二番だしで炊く。沸いたら塩と淡口醤油を加えて10分間ほど炊く。常温になるまで冷ます。

8… 椀に温めた7を盛り、3と4をのせる。一番だし、塩、淡口醤油を温めて1の蒸し汁を加え、葛粉でとろみをつけた吸い地を張る。針ショウガを天盛りし、すりおろした青ユズの皮をあしらう。

［材料］(作りやすい分量)

アワビ1個、酒、トウガン、二番だし、塩、淡口醤油 各適量
一番だし、塩、淡口醤油、葛粉 各適量
ショウガ、青ユズ 各適量

夏の椀

夏の椀02
末友久史（祇園 末友）
鱧の山椒焼

飯蒸しに山椒焼にしたハモをのせ、葛を引いただしを張った。鰻どんぶりを椀物に仕立て直し、茶漬けのように汁と共にハモを食べてもらおうという趣向。

鱧の山椒焼と飯蒸しで作る椀仕立ての鱧どんぶり

骨切りしたハモに火を入れてボタンの花のように開かせるのがオーセンティックなハモの椀だが、「韓国産と比べると瀬戸内海産のハモは皮と骨が固い」(末友氏)ため、あえて焼きハモにして椀種にした。白焼きにする場合は、身の薄い腹ぼの部分ははずすが、ここではタレ焼きにするためはずさない。また普通は皮と身を焼いてからタレをかけるが、身は水分が飛ぶと固く締まってしまう。そこで皮を焼いたら身は焼かずにタレをかけ、それから炭火であぶっている。

[プロセス]

[作り方]

1, 2 … ハモを一枚に開き、背ビレを切りはずす。
3 … 骨抜きで腹骨をつかみ、引きはがす。
4 … 骨切りする。
5 … 身を崩さないよう串を添えて固定しながら、串を打つ。
6 … 皮が焼き縮んだ際に身が反り返らないように先端と手元に横串を通し、炭火で皮側を焼く。
7 … 身の側にタレをかけて、炭火で焼く。焼いてはタレをかける作業を3〜4回繰り返す。
8 … 串からはずして適宜の幅に切り分ける。椀に酒と水をふって蒸したモチ米を盛り、鱧のタレ焼きをのせる。葛を引いてあんにした吸い地を張り、刃叩きした青ザンショウの水煮をふる。

[材料]

ハモ(550g以上)

タレ(ハモの骨、醤油、ミリン)

もち米、酒、青ザンショウの水煮 適量
一番だし、塩水、淡口醤油、葛 適量

夏の椀

夏の椀 03
奥田 透（銀座 小十）

鮑のしゃぶしゃぶと肝豆腐のお椀

瞬間的に加熱した半生のアワビと、裏漉しした肝を練り込んだゴマ豆腐を合わせた。肝のコクが吸い地に溶け出し、口に含むと磯の香りが広がる一品。薄切りのアワビを幾層にも重ね、ぜいたくさを演出する。

瞬間加熱で触感を残し、肝豆腐でコクを加える

アワビのしゃぶしゃぶと、ゴマ豆腐にアワビの肝を練り込んだ「肝豆腐」を合わせた一品。しゃぶしゃぶとゴマ豆腐という一般的な調理法を用いながら、コリコリした身とコクのある肝というアワビの個性を感じさせる椀に仕上げた。アワビのしゃぶしゃぶのポイントは、加熱後に氷水に落とさないこと。アワビの温度が下がりすぎると、椀盛りする際に全体のバランスが崩れるためだ。磯の風味を感じさせる肝豆腐を生かすべく、吸い地は塩と昆布の風味であっさりと仕立てている。

［プロセス］

[作り方]
1 … アワビの肝を裏漉しする。
2 … 白ゴマを一晩浸水し、水気をきってフード・プロセッサーで回す。酒、塩、昆布、水を合わせた地を加えつつ、すり鉢でする。
3 … 2を布漉しして鍋に移し、裏漉し器を使って葛粉を溶かし入れる。
4 … 3を弱火にかけ、5分間練る。凝固しはじめたら火を止め、20分間ほど練る。
5 … 1の肝を加え、混ぜ合わせる。流し缶に入れ、冷やし固める。
6 … アワビの口ばしを除き身を2mmの厚さに薄切りする。両面に切り目を入れる。
7 … 塩と淡口醤油を加えた昆布だしを熱し、6を数秒間泳がせて火を入れる。
8 … 椀に5を盛り、7、吸い地でゆでたソラマメ、塩ゆでしたグリーンアスパラガスを交互に重ねる。一番だしに塩、淡口醤油、酒を加えた吸い地を張る。

［材料］（作りやすい分量）
アワビ2個、白ゴマ500g、酒150cc、塩3g、昆布20g、水1350cc、葛粉100g、ソラマメ、グリーンアスパラガス、昆布だし、塩、淡口醤油 各適量
一番だし、塩、淡口醤油、酒 各適量

夏の椀 • 051

夏の椀04
松尾慎太郎（北新地 弧柳）

島根県高津川天然鮎の印籠煮と蓼素麺の煮物椀

骨まで柔らかく炊いたアユと、アユと相性のよいタデの葉の香りで和えた素麺を出会わせた、夏らしい清涼感のある椀。アユを炊く際にも煮崩れしないように鍋の底にタデの軸を敷いている。

清流が育んだアユのだしとタデの香りの素麺の組合せ

国土交通省の水質調査で過去何度も日本一に選ばれ、日本で唯一本流にダムがない一級河川としても知られる高津川。この清流で釣れたアユを地元では焼きアユにして雑煮や素麺のだしに使っている。なお印籠煮とは、筒切りにしたアユの姿や色が印籠の姿に似ていることからついた料理名。玉造黒門越瓜は、黒塗りだった大阪城の玉造門周辺で栽培されていたなにわの伝統野菜のひとつ。越瓜は白ウリのことで、加熱するとトウガンのような味わいをもつ。

[プロセス]

[作り方]

1 … 鮎の印籠煮を作る。アユの頭と尾を落とし、串を打ち素焼きする。
2 … 鍋にタデの軸を敷き、素焼きしたアユを並べ、玉酒と酒少量を加える。
3 … 落とし蓋をして6時間ほどアユが柔らかくなるまでもどす。柔らかくなったら、淡口醤油、砂糖、ミリンを加え2時間煮含める。
4 … 玉造黒門越ウリをむき、輪切りにする。
5 … 断面に格子状に切り込みを入れる。
6 … 八方だし(分量外)で直炊きする。
7 … タデの葉をすり鉢に入れ、塩を加える。炊いた米と少量の水を加え、すりつぶす。
8 … 7を裏漉しする。ゆでて水気を取った素麺を和える。温めた6の玉造黒門越ウリを台にして椀に盛る。塩ゆでして八方だしに浸した糸カボチャと2のアユの印籠煮を盛り、吸い地を張り、針ミョウガを天盛する。

[材料](2人前)

アユ1尾、素麺8g×2、タデ、玉造黒門越ウリ、糸カボチャ、針ミョウガ 各適量
吸い地(一番だし200cc、淡口醤油、酒、ミリン、天然塩、酢、砂糖 各適量)

夏の椀 • 053

夏の椀 05
奥田 透（銀座 小十）

牡丹鱧の吉野打ち

大ぶりに切ったハモに、好相性のジュンサイを合わせて平椀に盛った。
夏を感じさせる一品。身を傷つけないようていねいに骨切りしたハモに、
葛粉をまんべんなく打つことでなめらかな触感を引き出した。

伝統的な仕立てでハモの繊細な味を楽しむ

骨切りしたハモに葛粉でコーティングを施し、一番だしベースの吸い地を張る伝統的な仕立て。ただし、極力身に負担をかけないよう、骨切りは包丁の刃渡りをすべて使って、皮一枚残すイメージでゆっくりと押すように切るという手法を採る。「音もなくなめらかな、飛行機の着陸をイメージしながら骨切りします」（奥田氏）。骨切りしたら軽く塩をふって旨みを凝縮させるが、長時間おきすぎると触感が損なわれるため注意が必要。表面に水分が浮きはじめるタイミングを目安にする。

［プロセス］

［作り方］

1 … ハモのぬめりを金たわしでこすって落とし、腹を割いて内臓とエラを取る。軽く水洗いして、血合いや汚れを取り除く。

2, 3 … 1に目打ちをして尾を落とし、中骨にそって腹開きにする。骨を取り除く。

4 … 3のハモを骨切りする。

5 … 4を5cm幅に切ってバットに取り、両面に塩をふる。10〜15分間ほどおく。

6 … 5の両面に葛粉をまぶす。

7 … 銅鍋に湯を沸かし、6を皮面を下にして入れる。身が花びらのように開き、浮き上がってきたら引き上げる。

8 … 別鍋に塩湯（分量外）を用意し7を入れ、余分な葛粉を洗い流す。椀にハモ、地浸しにしたインゲンマメ、軽くゆでたジュンサイを盛る。一番だしに酒、塩、淡口醤油を加えて味をととのえた吸い地を張り、すりおろした青ユズの皮をあしらう。

［材料］（作りやすい分量）

ハモ 1尾（1人分約100gを使用）、塩、葛粉 各適量

一番だし、酒、塩、淡口醤油 各適量

ジュンサイ、インゲンマメ、青ユズ 各適量

夏の椀

夏の椀 06
末友久史（祇園 末友）

毛蟹とじゃがいも饅頭

ジャガイモの中でも黄色みの強い品種のキタアカリを練って作った饅頭に毛ガニを組み合わせた。大黒シメジの黒い笠が盛りつけのアクセントになっている。

柔らかく練ったジャガイモの不思議な触感

北海道の毛ガニに、同じく北海道産のジャガイモで作る饅頭と組み合わせた。ジャガイモの品種は、男爵系の中でも甘みが強くて黄色い色が美しいキタアカリを選んでいる。ジャガイモはゆでたり蒸したりせず、生のまますりおろして鍋に入れ、焦がさないようにかき混ぜながら加熱してそばがきのようにまとめて椀に盛る。きめが細かくて餅のような弾力のある、これまでにない変わった椀種だ。

［プロセス］

［作り方］
1 … 毛ガニの脚をはずす。30分間蒸し、脚の身は棒身とし、その他の身はほぐす。カニみそはとりおく。
2 … ジャガイモの皮をむき、生のまますりおろす。
3 … 鍋に入れて塩を加え、やや強火の中火にかける。
4 … 木べらで1〜2分練る。
5 … そばがきのように粘りがでてきたら火からおろし、スプーンですくって椀盛りする。1の毛ガニの棒身とほぐし身、かにミソを添える。湯通しして、吸い地加減の二番だし（分量外）で炊いた大黒シメジをのせ、吸い地を張る。

［材料］
毛ガニ1尾、ジャガイモ、大黒シメジ 適量
吸い地（一番だし、淡口醤油、塩水）適量

夏の椀

夏の椀 07
奥田 透（銀座 小十）

鱧 煮めん

ハモの骨とアラで取った力強いだしを椀地として活用。小ぶりに切ったハモと素麺という、だしがからみやすい椀種を合わせ、薄めに調味した椀地の風味を存分に楽しんでもらう。

力強いハモだしの余韻で全体をまとめる

ハモの骨とアラで引いただしは、身の繊細さとは対照的な力強く風味豊かな味わいと、余韻の長さが特徴。このだしを椀地として用い、煮めんに仕立てた。ハモだしを取る際は、臭みの原因となる頭や尾のぬめりをこすり落とし、アラの血合いもていねいに取り除く。また、アクを除きながら充分に加熱して、骨の芯から出る旨みを引き出しきる。椀種のハモと素麺は若干濃い目に味つけしたハモだしで温めて味を含ませる一方で、椀地は薄めに調味し、のど越しよく仕上げる。

[プロセス]

[作り方]

1, 2 … ハモの頭と尾、中骨、アラを85〜88℃の湯に落とす。浮き上がってきたら氷水に取って締める。

3 … 2の頭と尾のぬめりを金たわしでこすって落とし、アラの血合いも取り除く。

4 … 3と昆布、水、酒を鍋に合わせて火にかける。

5 … アクを除きつつ、澄んでくるまで加熱する。

6, 7 … シノワと上下にクッキングペーパーを挟んだザルを重ねたところに5を注いで漉し、ハモだしとする。

8 … 地の材料をすべて合わせて火にかけ、骨切りして3cm幅に切ったハモを湯引きする。素麺は下ゆで後に地で温める。椀にハモ、素麺、地浸けしたミニオクラ、適宜に切った小メロンを盛る。温めた椀地を張り、ユズの花、花穂ジソを散らす。

[材料]（作りやすい分量）

ハモ1尾（1人分約100gを使用）、ハモのアラ400g、昆布18g、水2.5ℓ、酒500cc

地（ハモだし750cc、塩4g、淡口醤油小さじ3）、素麺 適量、椀地（ハモだし750cc、塩3g、淡口醤油小さじ2）

小メロン、ミニオクラ、ユズの花、花穂ジソ 各適量

夏の椀 08
松尾慎太郎（北新地 弧柳）
勝浦産天然鮪の冷たい清汁仕立て

マグロの大トロを椀種とし、冷たい地を張った冷やし椀。しゃきしゃきとした歯触りのオカヒジキがアクセントとなっており、見た目にもマグロの赤に緑が映えて美しい。

脂がのった本まぐろを冷やした椀ですっきりと

生鮮マグロの水揚げ量日本一の和歌山県勝浦漁港に揚がった本マグロを椀種とした。冷やし椀であっても上質なマグロの脂はくどくなく、すっきりと味わえる。椀に張った冷たい吸い地は温かな時と比べて味の感じ方が変わるので、そこを計算に入れて味つけしてやるとよい。台に盛った鳥飼ナスは、大阪の鳥飼地区で栽培されるなにわの伝統野菜のひとつで、丸ナスの一種。柔らかいが煮くずれしにくく、だしの旨みを充分に吸ってくれる。

[プロセス]

1

2

3

4

5

6

[作り方]

1 … 鳥飼ナスを串切りにする。
2 … 素揚げにし、八方だし（分量外）でさっと炊き、急冷する。
3 … オカヒジキを塩ゆでする。氷水に落として色止めし、よく水気を絞っておく。
4 … 八方だしで浸しておく。

5, 6 … マグロを平造りにする。一番だしを温め、酒、天然塩、淡口醤油を加えて味を整えて吸い地を作り、冷蔵庫で冷たく冷やしておく。椀に鳥飼ナス、オカヒジキを盛り、マグロを並べ、上から冷たい吸い地を張り、ワサビを天盛りする。

[材料]（2人前）

勝浦産天然鮪100g、鳥飼ナス1/2個、オカヒジキ、ワサビ 各適量
吸い地（一番だし200cc、淡口醤油、酒、天然塩 各適量）

夏の椀 • 061

夏の椀 09
奥田 透（銀座 小十）

鱸の塩焼きと夏野菜

炭火で焼いたスズキに各種の夏野菜の細切りを添えた。夏野菜はただ地浸けするだけでは味が充分含まれず、スズキに負けるので、吸い地でさっと火を入れているが、歯ごたえが失われないよう、気をつける。

旨みが凝縮した塩焼きの魚を細切りの野菜で沢煮椀風に

スズキを椀種にする場合は蒸すことが多いが、ここでは素焼きにした。「焼くことで凝縮した身が、汁で戻るイメージです」(奥田氏)。皮に細かく飾り包丁を入れて焼くことで、適度に脂がしたたり落ち、それが燻煙となって香ばしさを与えてくれる。しかし炭の火力が強すぎると、脂がにじみ出る前に焼き上がってしまうので注意する。また火が入ると1割くらい焼き縮むので、切り出す時にそれを計算して大きさを考える。

[プロセス]

[作り方]

1 … スズキの身の皮側に細かく飾り包丁を入れる。身の薄い腹の部分にはタオルをかませて高さを揃えるとよい。

2 … 厚めの切り身に切り出す。

3 … 血合いのところにある骨を抜く。

4 … 皮を下にして、塩焼きのときよりも気持ち薄く塩をする。塩が回るまで1時間おく。

5 … やや波串気味に平串を打つ。

6 … 炭火で焼く。まず皮側から焼き、身の厚いところには炭を集めて火力を強める。最後、皮側を下にして一気に焼く。

7 … レンコンは薄切りに、その他の野菜は細切りにして、それぞれ下ゆでする。

8 … 沸かした吸い地に入れ、一沸きしたらアクを引いて火を止める。椀にスズキを盛って野菜をのせ、野菜に火を入れた吸い地を張る。スダチの輪切りをのせる。

[材料]

スズキ（2〜3kg）1尾
新レンコン、新ゴボウ、ミョウガ、ベビーコーン、インゲン、キクラゲ、軸ミツバ、赤の万願寺トウガラシ、糸カボチャ、スダチ 各適量
吸い地（一番だし、塩、淡口醤油）適量

夏の椀

夏の椀 10
末友久史（祇園 末友）

鯒葛打ち

白身の魚に合うマツタケの香りを、夏が旬のコチと組み合わせようという料理。葛打ちして湯に落としたコチに、細く裂いたサマツタケを添えている。

夏が旬のコチの椀にサマツタケの香りを

コチを椀種にする場合は蒸すことが多いが、ここでは葛打ちして湯に落とした。皮のぬめりに臭みがあるので、布をかけて間接的に火を通し、ウロコとともにていねいに除く。その後0.5%を目安にごく薄く塩をして、葛を打って湯に通す。天に盛ったのは初夏に出回るサマツタケで、マツタケよりはやや風味が弱いが、ごく細く裂いてたっぷり添えることで香りを立たせる。

［プロセス］

［作り方］

1 … コチを三枚におろす。
2 … 皮側を下にしてまな板にのせ、布をかぶせて湯をかける。
3 … 皮のウロコをスプーンでかき取る。
4 … やや厚めに切り出す。
5 … まな板に塩をふり、皮側を下にして切り目を並べる。葛粉を刷毛でまぶし、湯に落とす。
6, 7 … サマツタケの軸を取り、適当な大きさに切り分ける。手で細かく裂く。吸い地で温めたコチを椀に盛り、ユズの輪切りをのせ、サマツタケをこんもりと盛る。吸い地を張り、黄色と紫の菊花を散らす。

［材料］

コチ、サマツタケ 適量
吸い地（一番だし、塩水、淡口醤油）適量
ユズ、菊花 適量

夏の椀 ● 065

夏の椀 11
奥田 透(銀座 小十)

玉蜀黍豆腐と鯒吉野打ち

胡麻豆腐のような弾力と夏らしいトウモロコシの甘さを兼ね備えた玉蜀黍豆腐。鮮やかな黄色に白いコチの身と梅肉の赤、輪に切ったユズの緑が映え、そのコントラストが美しい。

夏らしい甘みと弾力のある玉蜀黍豆腐

トウモロコシの裏漉しを葛で寄せた玉蜀黍豆腐。そのぷるんとした弾力を、触感の異なるコチの吉野打ちと共に楽しんでもらう。トウモロコシの裏漉しに加えるゴマはそのままだと味が薄く、ぼけて感じられるが、煎ることでトウモロコシの味と香りを引き立ててくれる。このピューレを胡麻豆腐の要領で練って冷やし固めるが、吸い地で温めて椀盛りする際に、温めすぎてせっかくのコシが失われないように気をつける。

[プロセス]

[作り方]

1 … ゴマを中火で煎る。途中で火を弱め、ゆらしながら5～10分間、軽く色づく程度まで加熱する。フード・プロセッサーに入れ、塩を加えた昆布だしを加えながら回す。
2 … ボウルにとり、昆布だしを加えてのばす。
3 … 布の袋に入れ、絞って漉す。
4 … すいのうで崩しながら葛を溶かす。
5 … トウモロコシの裏漉し(145頁5参照)に、4を少しずつ加える。
6 … 鍋に入れ、火にかけて30分ほど練る。
7 … 流し缶に流し、30cmほどの高さに持ち上げ、1、2回落として、空気を抜く。表面をラップ紙でおおって冷やし固める。
8 … コチの皮を引き、骨を抜いて厚めに切る。塩をして20～30分間おき、葛を打って湯通しする(37頁4～7参照)。切り分けて温めた玉蜀黍豆腐にコチの吉野打ちを添え、吸い地を張り、梅肉とユズの輪を天に盛る。

[材料]

コチ (1.5kg)
トウモロコシ、ゴマ、吉野葛
昆布だし、塩 適量
梅肉、ユズ 適量
吸い地(一番だし、塩、淡口醤油)適量

夏の椀 ・ 067

春の椀図鑑

01 … 橘蒔絵椀（外観＋内側＋蓋裏）→ 16頁、奥田 透「鯛の潮汁」

02 … 桐竹蒔絵吸物椀（外観＋内側＋蓋表）→ 18頁、末友久史「白魚沢煮椀」

03 … 海松貝蒔絵椀（外観＋内側＋蓋裏）→ 20頁、松尾慎太郎「蛤の潮仕立て 貝塚産朝掘り筍の葛餅」

04 … 吹き寄せ貝蒔絵椀（外観＋内側＋蓋裏）→ 22頁、奥田 透「蛤の潮汁」

05 … 桃花蒔絵吸物椀（外観＋内側＋蓋裏）→ 24頁、末友久史「焼筍の若竹椀」

夏の椀図鑑

01 … 八橋蒔絵椀（外観＋内側＋蓋裏）→ 46頁、奥田 透「蒸し鮑と冬瓜の薄葛仕立て」

02 … 茶の花蒔絵吸物椀（外観＋内側＋蓋表）→ 48頁、末友久史「鱧の山椒焼」

03 … 風鈴蒔絵椀（外観＋内側＋蓋表）→ 50頁、奥田 透「鮑のしゃぶしゃぶと肝豆腐のお椀」

04 … 短冊蒔絵椀（外観＋内側＋蓋表）→ 52頁、松尾慎太郎「島根県高津川天然鮎の印籠煮と蓼素麺の煮物椀」

05 … 銀椀（外観＋内側＋蓋表）→ 54頁、奥田 透「牡丹鱧の吉野打ち」

06 … 楓蒔絵吸物椀（外観＋内側＋蓋表）→ 56頁、末友久史「毛蟹とじゃがいも饅頭」

07 … 片輪車蒔絵椀（外観＋内側＋蓋表）→ 58頁、奥田 透「鱧 煮めん」

08 … 小槌水車波千鳥椀（外観＋内側＋蓋裏）→ 60頁、松尾慎太郎「勝浦産天然鮪の冷たい清汁仕立て」

09 … 夕顔椀（外観＋内側＋蓋裏）→ 62頁、奥田 透「鱸の塩焼きと夏野菜」

10 … 遠州花輪違紋蒔絵椀（外観＋内側＋蓋裏）→ 64頁、末友久史「鯖葛打ち」

11 … 銀河蒔絵椀（外観＋内側＋蓋裏）→ 66 頁、奥田 透「玉蜀黍豆腐と鯒吉野打ち」

夏の椀の意匠は風鈴や七夕、流水など、涼しさを感じさせてくれるもの。またこの時期ならではの塗りが、全面に銀彩を施した「銀椀」だ。器形は冬の器がたっぷり入る深めなのに対し、この時期は浅い。

秋の椀

日ごと風が涼しく感じられ、実りの季節を迎える秋は、夏とは打って変わって椀物の季節到来。温かさがご馳走に感じられるようになりはじめ、吸い口の柑橘類も青から黄色へと変わってくる。カブ、ギンナン、小イモなど秋が旬の素材もまたあるが、中でもキノコ類は椀物にぴったりであり、黄金の組合せがマツタケとハモ。盛りつけは菊の花を散らすなど、華やかさがありつつも、春とは違った侘びた風情が感じられるようになる。

秋の椀01
奥田 透（銀座 小十）

すっぽんの丸仕立て

温度帯を変えながらアクを引き、澄んだ状態にしたスッポンのだしと、だしを引いた後に別鍋で炊いたスッポンの身を合わせた。炭火で炙ったネギと餅を添える伝統的な仕立てで、シンプルかつぜいたくに。

温度帯を変えながらスッポンのアクを搾り出す

たっぷりの酒でコクと甘みを加えつつ、素材のクセを和らげる「丸仕立て」。本品では大型で身の厚いスッポンを霜降りした後、水3に対し酒2を合わせた地で加熱して旨みを抽出した。ショウガを合わせてクセを消すことも多いスッポンの丸仕立てだが、奥田氏は強火、中火、弱火と火加減に強弱をつけることで骨の奥に残ったアクまで搾り出し、より完成度の高い、濃厚でクリアなスープをとる。加熱しても身がパサついたり崩れたりしにくいスッポンだからこそ可能な手法だ。

[プロセス]

[作り方]

1 … スッポンの首を落とし、エンペラをはがす。身は適宜切り分ける。

2, 3 … 1を70℃の湯にくぐらせて霜降りする。氷水にさらしつつ、薄皮を取り除く。

4 … 鍋に3と水、酒、昆布を入れて火にかける。

5 … 強火から中火、弱火、再び強火と火加減を変えながらアクを引き、澄んでくるまで加熱を続ける。ペーパータオルで漉してスッポンのスープと身に分ける。

6 … スッポンの身から骨をはずし、粗熱をとる。

7 … 別鍋に煮汁の材料を加え、6を加えて炊く。

8 … 別鍋に椀地の材料を合わせ、温める。椀に7、炭火で炙ったネギと餅を添えて椀地を張る。

[材料]（4人分）

スッポン 1杯、水 2.1ℓ、酒 1.4ℓ、昆布 15g、煮汁（水 1.2ℓ、酒 300cc、濃口醤油 400cc、ミリン 20cc）

椀地（スッポンのスープ 600cc、淡口醤油 大さじ4）、ネギ、餅 各適量

秋の椀

秋の椀02
末友久史（祇園 末友）

城陽産完熟無花果 紫ずきんの枝豆すり流し

9月から10月に出回る紫ずきんは晩生のエダマメで、丹波の黒豆を品種改良した京都のブランド野菜。その緑のすり流しにイチジクを浮かべたシンプルな美しさの椀。

甘みの濃い秋のいちじくをすり流しの椀種に

日本有数の西洋イチジクの産地である京都府城陽市のイチジクに葛を打ち、椀種にした。「きれいな若い樹ではなく、ごつごつとした古木に実ったもののほうがおいしい」（末友氏）とのことで、今回使用したのは樹齢30年の樹に実ったもの。イチジクには夏と秋の二度実る品種があるが、秋果の方が甘みが凝縮しており今回の料理や白和えに、夏果はやや水っぽいので天ぷらにする。

［プロセス］

［作り方］
1 … 城陽市の桝井ドーフィン種の秋果のイチジク。4つに切り分け、葛を打つ。
2 … 昆布だしに落とし、岡上げする。
3 … 紫ずきんをゆでて、さやから取り出し、薄皮をむく。
4 … すり鉢ですりつぶす。
5 … 昆布だしでのばし、淡口醤油、塩水で味をととのえる。椀に流し、2のイチジクを浮かべ、すりユズをふる。

［材料］
イチジク、紫ずきん 適量
昆布だし、淡口醤油、塩水、ユズ 適量

秋の椀 03
松尾慎太郎（北新地 弧柳）

秋鱧の肝松茸巻き 共出汁椀

ハモの肝で作ったしんじょうを使ってマツタケの軸をまとめ、ハモで巻いて椀種とする。椀づまのヒラマメは縦半分に切って、形の面白さを生かして添える。

秋ハモで肝とマツタケを一つにまとめた贅沢な椀

秋の出会いのものであるハモとマツタケの組合せ。脂がのり、肝が大きく育った秋のハモの身で、自身の肝とマツタケの軸を巻き、椀種としている。ハモとマツタケに火を入れた、旨みと香りの移った煮汁を共地として椀に張る。ハモはバーナーでの炎であぶるとくるりと丸まるが、しんじょうが崩れて地を濁らせないように、静かに加熱するのがポイント。

[プロセス]

[作り方]

1 … ハモを開き、水洗いする。ハモの肝はボイルして、裏漉しし、すり身、ヤマノイモ、卵白を合わせ、肝しんじょうを作る。
2 … 身は骨切りをして5cm幅に切り、うす塩をあて、30分おく。
3 … ハモの皮目に刷毛で葛をまぶす。
4 … 3に1の肝しんじょうをぬる。
5, 6 … 肝しんじょうの上に棒状に割いたマツタケの軸を並べ、巻き包む。
7 … バーナーの炎で焼き目をつける。
8 … 7を一番だしに入れ、マツタケの傘とともに静かに炊く。断面を見せるように切り出す。マツタケの笠とともに椀に盛り、煮汁を漉して椀に張る。ゆでて色出しした後、縦半分に切って吸い地に浸したヒラマメ、クコの実をあしらい、松葉ユズを天盛りする。

[材料]（2人分）

ハモ1尾（1人あたり100g）、
鱧しんじょう（ハモの肝50g、すり身、ヤマノイモ、卵白 各適量）
一番だし200cc、淡口醤油、酒、天然塩 各適量
ヒラマメ、クコの実、柚子 各適量

秋の椀 04
奥田 透（銀座 小十）

虎魚の丸仕立て

オコゼの風味と触感を損なわないよう、最低限の加熱で効果的にだしを引いた丸仕立て。「水と酒をベースにしたお椀は柑橘の酸味が加わると飲みやすくなる」（奥田氏）ことから、少量のスダチを搾って提供する。

魚を丸仕立てにする際のポイントは、より多くの旨みを抽出しながらも、椀種となる身の触感と風味をいかに残すか。奥田氏は、あらかじめ身と骨に塩をふって旨みを増幅させる、最低でも2尾を一度に調理してしっかりと味を出す、加熱時間を最低限に抑える、などの手法を採っている。なお、加える酒の量が水の半量以下と少ないのは、繊細なオコゼのだしを喉ごしよく仕立てるため。また、酒のコクに負けないよう、一番だしの吸い地よりも若干濃い目に味つけする。

最低限の加熱でオコゼの身を傷めずに味を引き出す

[プロセス]

[作り方]

1 … オコゼを水にさらしながらタワシでこすってぬめりを落とす。その後、背ビレを落として三枚におろす。

2 … 身と骨を適宜に切り分け、身に残った小骨を骨抜きで抜き取る。

3 … 2に強めに塩をして30分間ほどおく。

4 … 80℃の湯にくぐらせて霜降りする。

5 … 4を氷水にさらしながら、指を使ってぬめりや汚れを取り除く。

6 … 鍋に5と水、酒、昆布、塩を入れて強火にかける。

7 … 沸いたら弱火にしてアクを取り除きながら澄んでくるまで加熱する。ペーパータオルで漉してオコゼのだしと身に分ける。

8 … 別鍋に吸い地の材料を合わせ、温める。椀にオコゼの身、炭火で炙った粟麩を盛り、吸い地を張る。白髪ネギと芽ネギを合わせ、天盛する。スダチを搾って提供する。

[材料]（4人分）

オコゼ2尾（各800g）、水1.05ℓ、酒450cc、昆布10g、塩 適量

吸い地（オコゼのだし600cc、塩3g、淡口醤油 小さじ2）、粟麩、ネギ、芽ネギ、スダチ 各適量

秋の椀 05
末友久史(祇園 末友)

蓮蒸し

レンコンのすりおろしに火を入れた蓮蒸し。毛ガニは具としてレンコンに混ぜ合わせず、表面に見せて存在感を感じさせる。天に散らしたぶぶあられが、アクセントになっている。

レンコンの
すりおろしで
蕪蒸しならぬ
蓮蒸しに

レンコンのすりおろしをまとめた椀種に、毛ガニを組み合わせた。「カブのすりおろしで蕪蒸しとして作る方法もありますが、毛ガニの場合はカブよりも、もっちりしたレンコンのほうが合うように思います」（末友氏）。毛ガニは泡立てた卵白でふんわりとまとめ、散らしたぶぶあられとともに、レンコンとの触感の違いを楽しんでもらう。

［プロセス］

［作り方］
1 … レンコンをすりおろす。
2 … しばらく静置して、でんぷんを沈殿させる。上澄みを捨てる。
3 … 2のレンコンのでんぷんを布にとって絞り、バットにすくい取る。
4 … 毛ガニをゆでる（57頁1参照）。卵白を泡立てて、ほぐし身を加え混ぜる。
5 … 3に毛ガニの棒身をのせ、4を盛る。
6 … さらに毛ガニのみそをのせ、蒸し上げる。
7 … 一番だしに塩水、淡口醤油を加え吸い地とする。6を椀盛りし、吸い地を張り、ぶぶあられを散らす。

［材料］
レンコン、毛ガニ、ぶぶあられ 適量
吸い地（一番だし、塩水、淡口醤油）適量

秋の椀 ● 085

秋の椀06
松尾慎太郎（北新地 弧柳）

白甘鯛の葛霜仕立て河内蓮根みぞれ汁

冷蔵庫で熟成させて旨みを引き出したシロアマダイを、厚めにそいで胡麻豆腐にかぶせ、レンコンのすり流しをかけて軽く火を入れた。ワサビと造りのつまにも使われるツルムラサキの花芽を天盛りにする。

とろみのあるレンコンの汁でシロアマダイに火を入れる

浜で活〆にした鮮度のよいシロアマダイを、冷蔵庫で熟成させて椀種に用いている。冷えすぎないようにキッチンペーパーとラップ紙、さらにタオルでくるんで寝かす。造りに用いるならば1週間程度で提供するが、椀種の場合は2週間おき、ねっとりとした旨みを引き出す。このシロアマダイは椀盛りにしてから、レンコンのすりおろしで作った熱々の汁をかけて、軽く火を入れるようにする。

[プロセス]

1
2
3
4
5
6
7
8

[作り方]

1 … シロアマダイを水洗いし、尾頭を落とす。
2 … 水気をよくふき取り、キッチンペーパーで包み、ラップ紙でおおってタオルでくるむ。冷蔵庫で2週間寝かせる。
3 … 2のシロアマダイの小骨を取り、皮を引く。厚めのそぎ切りにする。
4 … 河内レンコンをすりおろす。
5 … 吸い地に加えて火を入れる。
6 … 大阪キクナをゆでて、巻き簾にのせて形を整え、吸い地に浸しておく。
7 … 胡麻豆腐の材料を鍋に合わせて火にかけ、冷やし固める。切り出して温め、椀盛りし、6の大阪キクナをのせる。
8 … シロアマダイを生のままのせる。レンコンのでんぷんでとろみがついたらシロアマダイの上からゆっくりと回しかけ、軽く火を入れる。塩ゆでし、吸い地に浸しておいたツルムラサキの花とワサビをあしらう。

[材料]（2人前）

シロアマダイ（2kg以上）50g
胡麻豆腐 大阪キクナ 適量
河内レンコン（すりおろし）30g
吸い地（一番だし200cc、淡口醤油、酒、天然塩 各適量）
ツルムラサキの花、ワサビ 適量

秋の椀 ・ 087

秋の椀 07
奥田 透（銀座 小十）

甘鯛の松茸巻き 甘鯛のだし仕立て

身の締まったシロアマダイでマツタケを巻き、炭火で焼いた風味豊かな
椀種に、アカアマダイのアラで引いた力強いだしを合わせた。香ばし
い皮目と、蒸し焼きされたマツタケの触感の対比もおもしろい一品だ。

アマダイの身とだしを用い力強さのある仕立てに

「水分が少なく筋肉質な身質が特徴」(奥田氏)のシロアマダイでマツタケを巻いて炭火焼きにし、アマダイのだしを合わせた。焼くことで旨みを凝縮させたシロアマダイのしっとりとした身と、蒸し焼きにされたマツタケの香りを楽しむ一品だ。だしにはシロアマダイではなく、アカアマダイのアラを使用。「経験上、シロアマダイのだしよりも、繊細で風味に透明感のあるアカアマダイのだしのほうが、お椀という仕立てに向いているように思う」(奥田氏)という考えからだ。

［プロセス］

［作り方］

1, 2 … アマダイのだしを引く。アカアマダイのアラを水で洗い、90℃の湯にくぐらせて氷水に取る。水、酒、昆布とともに火にかけ、沸いたらアクを除く。澄んできたら火を止め、漉す。

3 … シロアマダイを三枚におろす。皮に包丁目を入れ、約8cm幅の切り身にする。身の左右に包丁を入れて、観音開きにする。

4 … 3の両面に塩をふり、20分間おく。

5, 6 … マツタケに包丁で切り目を入れてから手で四等分に割き、4の切り身で巻く。金串を打って留める。

7 … 炭火で皮目側から焼く。何度か返したら、金串に炭をのせて側面も焼く。

8 … 椀に二等分した7と、吸い地で温めたユバを盛る。塩、淡口醤油を加え、酒と水で溶いた葛粉でとろみをつけたアマダイのだしを張る。天に車ユズを飾る。

［材料］(4人分)

シロアマダイ280g、マツタケ1本、アマダイのだし600cc(アカアマダイのアラ2尾分、水2ℓ、酒500cc、昆布10g)、塩3g、淡口醤油 小さじ1/4、葛粉、酒、水 各適量、ユバ、ユズ 各適量

秋の椀 08
末友久史（祇園 末友）
栗の渋皮煮 飯蒸し

黄色く染めたもち米と茶色の渋皮煮のみの、侘びた盛りつけの秋らしい椀。鼈甲あんほどではないが、ややきつめに葛を引いた醤油がちの吸い地を張っている。

クチナシで染めたモチ米を栗の渋皮煮とともに

クチナシの実で黄色く色付けしたもち米を蒸した「黄飯(おうはん)」に、栗の渋皮煮をのせて、葛を引いた吸い地で提供する椀物。赤飯と対比される黄飯は、大分県などに郷土料理として伝わる他、仏事の席で提供される、いわばサフランライスのクチナシ版だ。栗が甘いので、吸い地にはややカツオをきかせるとともに、醤油がちにして味のバランスをとるとよい。

[プロセス]

1

2

3

4

5

6

[作り方]

1 … クチナシの実を割って水に浸け、色素を移す。研いだモチ米にこの黄色の水を加え、半日浸ける。モチ米を引き上げ、浸け地を火にかけて沸かし、アクを引き、塩水と淡口醤油で味をととのえる。

2 … モチ米を15分間蒸す。1の浸け地を霧吹きで吹きかけ、さらにもう一度15分間蒸す。

3 … 栗の鬼皮をむき、昆布だし、濃口醤油、砂糖、酒少量で煮て渋皮煮にする。

4 … カツオをきかせた一番だしに、塩水、淡口醤油を加える。

5 … 水溶き葛をやや多めに加える。

6 … 加熱してとろみをつける。2の黄飯を椀に盛り、栗の渋皮煮をのせ、葛を引いた吸い地を張る。

[材料]

モチ米、クチナシの実 適量
栗、昆布だし、濃口醤油、砂糖、酒 適量
吸い地(一番だし、塩水、淡口醤油)、水溶き葛 適量

秋の椀 09
奥田 透（銀座 小十）

甘鯛の黄身打ち 針松茸

繊細な風味とみずみずしい触感が特徴のアカアマダイは、塩をしてから卵黄をまとわせて［黄身打ち］に。一番だしを張り、針に切った生のマツタケと、シュンギクと食用菊のお浸しを添えておだやかに仕上げた。

卵黄の衣をまとわせ、風味と触感を高める

卵黄をまとわせたアカアマダイの、繊細な触感と風味を楽しむ一品。「アカアマダイはみずみずしい身質が特徴で、昆布締めや干物など旨みを凝縮させる調理に向く」と奥田氏。今回は塩をしてしばらくおいてから、身に卵黄をまとわせて塩湯にくぐらせる「黄身打ち」に仕立てた。黄身打ちは湯温が低いと衣がうまくまとまらず、逆に高いと衣ごとはがれてアマダイの旨みが外に流出してしまう。95℃を保った塩湯に身を浸し、表面がある程度固まってから鍋底に落とすとよい。

[プロセス]

[作り方]

1 … アカアマダイを三枚におろし、皮目に包丁目を入れる。身が薄い部分は布巾などを下に敷き、切り込みの深さが均一になるようにする。

2, 3 … 1を5cm幅の切り身にし、両面に塩をふって20分間おく。葛粉をまぶす。

4 … 余分な葛粉を落とした3に、なめらかに溶いた卵黄をまぶす。

5, 6 … 0.3%の塩水（分量外）を95℃まで加熱する。4を箸で持ったまま塩湯に浸し、表面を固めてから鍋に落とす。浮き上がってきたら引き上げる。

7 … マツタケの軸の部分をせん切りにする。

8 … シュンギクと食用菊をそれぞれゆがき、氷水に落とす。水気をきり、吸い地でお浸しにする。椀に6と7、水気をきったお浸しを盛り、温めた吸い地を張る。すりおろしたユズ皮を散らす。

[材料]（4人分）

アカアマダイ240g、卵黄、葛粉 各適量、マツタケ、シュンギク、食用菊（赤・黄）、ユズ 各適量、吸い地 600cc（一番だし600cc、塩2g、淡口醤油小さじ1/6）

秋の椀

秋の椀 10
松尾慎太郎（北新地 弧柳）

天然クエの餅粟蒸し 信州の天然茸椀

クエの粟蒸しを具にした茸汁。モチアワをマツタケと一緒に炊き、クエの上にのせて蒸し上げる。汁にしたキノコは天然のものなので、種類は特に決めておらず、入荷したものに合わせて仕立てる。

マツタケとクエの香りと旨みをモチアワでつないだ茸汁

姿のままで出せないマツタケの端を利用して作るキノコの椀。細かく切ったマツタケは炒めて香りを引き出し、ここにモチアワも加えるが、「モチアワはあまり煎らずに、マツタケの香りを移す程度に」(松尾氏)。マツタケの香りを移すのが目的であり、煎りすぎて苦みが出てしまっては意味がないからだ。このマツタケ入りのモチアワを調味しただしで炊き、さらにゼラチン質の豊かなクエの上にのせて蒸し上げ、その旨みを吸わせている。

[プロセス]

[作り方]

1…クエを三枚におろし、1人前に切り分け、ふり塩をあてておく。
2…細かく切ったマツタケをフライパンで炒める。
3…マツタケの香りが立ったらモチアワを加え、香りを移す程度に炒める。
4…だし、酒、淡口醬油、ミリンを加える。
5…蓋をして20分ほど炊く。
6…炊き上がったら冷ましておく。
7…クエの切り身を酒蒸しする。8分目くらい火が通ったら6のモチアワをのせ、蒸し上げる。
8…一番だしに淡口醬油、ミリン、酒、天然塩で味をととのえ、サイコロに切った天然キノコを加える。椀に炊いた勝間ナンキンと蒸し上がったクエを盛り、キノコ汁を張り、柚子胡椒とフィンガーライムの実を混ぜた薬味とミョウガを天盛りする。

[材料](2人分)

クエ(100g)、勝間ナンキン(吸い地で炊いたもの)2切れ

吸い地(一番だし200cc、淡口醬油、酒、天然塩 各適量

天然キノコ(ヌメリイグチ、クリタケ、ムレオフウセンダケ、ナメコ)

秋ミョウガ、フィンガーライム、柚子胡椒 各適量

秋の椀 11
奥田 透（銀座 小十）

鶉しんじょう

ウズラの骨と肉を別々に回数を変えて挽き、骨の旨みを存分に引きだしたしんじょう地を、ユリネとともに口当たりよく蒸し上げた。「叩き寄せ」とは趣の異なる仕上がりの、料理店で提供する品格を意識した一品。

シンプルな仕立てでウズラの旨みを引き出す

鳥類の肉を椀種にする場合、独特の旨みやクセをどう生かすかがカギとなる。「鶉しんじょう」ではウズラを肉と骨に分け、肉は2度挽き、骨は3度挽きすることで、なめらかな触感と骨からの旨みをともに引き出した。ユリネとともに蒸し上げたしんじょうに一番だしの吸い地を張ったシンプルな仕立ては、「ウズラの強い旨みを引き出すためのていねいな下処理があるからこそ効果を発揮します」と奥田氏。しんじょうに加えた粉サンショウの風味でウズラのクセを和らげる。

[プロセス]

[作り方]

1 … ウズラは毛をむしって骨と内臓を抜く。ミンサーで骨は3度、肉は皮付きのまま2度挽き、ともにすり鉢に移す。濃口醤油、ミリン、全卵、卵黄で下味をつける。

2,3 … 1をすりながら、酒溶き葛粉を加える。粘り気が出たら粉サンショウを加える。

4 … 3の2/3量を取り、ゆでたユリネを加え混ぜる。残り1/3量はそのままとりおく。

5 … 流し缶の上1cmを残してユリネ入りのミンチを流す。その上にユリネ無しのミンチを流し、空気を抜く。

6 … 蒸し上がり時に表面が平坦になるよう、ヘラで中心を少しへこませるようにならす。

7 … 中火で15分間蒸す。

8 … 椀に切り出した6、焼餅、吸い地で炊いたマイタケを盛り、ゆでたダイコン、ニンジン、ホウレン草の軸を飾る。松葉ユズを天盛りし、吸い地を張る。

[材料]（4人分）

ウズラ肉 3羽分、濃口醤油 大さじ2、ミリン 大さじ2、全卵 1個、卵黄 1個分、酒 50cc、葛粉 10g、粉サンショウ 1g、ユリネ 1.5個 吸い地（一番だし 600cc、淡口醤油 小さじ1/4、塩 2g）、餅、マイタケ、ダイコン、ニンジン、ホウレン草（軸）、ユズ 各適量

秋の椀 12
末友久史（祇園 末友）

天然すっぽんと松茸

マツタケの椀を吸い地やハモのだしではなく、丸仕立てで提供する。スッポンの身や卵はあえて盛り込まずに、輪ユズを天盛りとして、シンプルに仕立てた。

一歩引いてマツタケを引き立たせる丸仕立て

琵琶湖で採れた天然のスッポンからとったスープでマツタケを食べてもらう、ぜいたくな料理。しかも、あえてスッポンの身は椀種に用いず、開きのマツタケの存在感と高い香りを際立たせている。ここでは椀物として仕立てたが、椀替わりとして土瓶蒸しにしてもよい。なおスッポンの身は照り焼、卵は一口吸い物などの別の料理に使うとよい。

[プロセス]

[作り方]

1 … スッポンを4つほどきにし、83℃の湯で霜降りにして薄皮をむく。キンカン（卵）は酒を加えた湯で10分間ゆでる。
2 … 鍋に1のスッポンを入れて、同量の酒を注いで煮切り、アルコールをとばす。2倍量の昆布だしを入れてアクを引きながら、スッポンのコクが出るまで弱火で約1時間半煮る。
3 … ペーパータオルを敷いたザルで漉し、淡口醤油、塩水で味をととのえる。
4 … マツタケを割り、炭火で焼いて香りを立たせる。椀に盛り、3のスッポンのスープを張り、吸い口としてユズを天盛りにする。

[材料]

スッポン、酒、淡口醤油、塩水
マツタケ、ユズ

秋の椀 13
奥田 透（銀座 小十）

鴨の治部煮椀

鴨ロース肉の治部煮と、そぼろを混ぜることで触感に変化をつけた鴨の丸を椀種とし、鴨ガラで引いただしを合わせた。鴨1羽を余すところなく使い切ることで、その旨みを1杯の椀にすべて集約させた一品だ。

治部煮と丸に鴨のだしを合わせて「鴨尽くし」に

鴨のロース肉をさっと煮含めた治部煮と鴨の丸を椀種とし、さらに鴨のガラを煮立てて引いただしを合わせた、まさに鴨尽くしの椀もの。鴨の丸に用いるミンチは、2度挽きした腿肉と1度挽きしたササミや胸肉を合わせて作る。ポイントは、ミンチの半量をあらかじめ鴨だしベースの煮汁で温めてそぼろにしておくこと。このそぼろを生のミンチと合わせることで異なる2つの触感が生まれ、かつ短時間で火が入るため、本加熱時に煮汁に旨みが流れ出るのを防ぐことができる。

[プロセス]

[作り方]

1, 2 … 鴨だしを作る。鴨のガラを霜降りし、酒、昆布、水とともに強火にかける。

3 … 鴨の丸を作る。ミンサーで腿肉は2度、ササミと胸肉は1度挽いて合わせ、下味用の調味料を加えてすり鉢でする。半量をとり、温めた鴨の丸の煮汁に浸けてそぼろにする。半量はとりおく。

4 … 3のそぼろととりおいたミンチを合わせてすり鉢でする。

5 … 4を直径3cmほどの丸に取り、鴨の丸の煮汁で煮含める。

6 … 治部煮を作る。鴨ロース肉を軽く焼いて油脂分を落とす。薄切りにして包丁目を入れる。

7 … 6に葛粉を打ち、治部煮の煮汁で煮る。

8 … 椀に鴨の丸と治部煮、地で温めたダイコンとすだれ麩を盛る。芽ネギを天に盛り、味をととのえた鴨だしを張る。

[材料]（4人分）

鴨だし（鴨のガラ1羽分、水2.8ℓ、酒700cc、昆布15g）、鴨の丸（鴨肉〈腿・ササミ・胸〉700g、濃口醤油 大さじ3、ミリン 大さじ2、全卵1個、卵黄2個分、粉サンショウ2g、鴨の丸の煮汁〈鴨だし1.5ℓ、濃口醤油 大さじ6、ミリン 大さじ5、上白糖10g〉）、治部煮（鴨ロース肉 250g、葛粉 適量、治部煮の煮汁〈鴨だし800cc、濃口醤油100cc、ミリン100cc〉）、地（鴨だし600cc、淡口醤油 小さじ3、ミリン 小さじ2）、ダイコン、すだれ麩、芽ネギ 各適量

秋の椀 14

松尾慎太郎（北新地 弧柳）

すっぽんの卵豆腐 菊花椀

スッポンの身入りの卵豆腐を椀種とし、スッポンの汁に菊の花びらを散らして、秋の風情を演出する。吸い口として添えた、冬を越す前のタマネギの芽は、糸のように細いが香りはそれなりに強く、スッポンに合う。

スッポンの身を具に使うぜいたくな卵豆腐

スッポンをもどし、その身はほぐして卵豆腐の具に用い、汁は味をととのえて椀地とする。「魚や肉を炊いた際、アクを徹底して引きすぎるとその下に浮いている旨みのある油も取り去ってしまう」（松尾氏）ので、普段あまりアクを取りすぎないようにしているが、スッポンの汁の場合は透明感もほしいので悩ましいところ。強火で沸かして、浮かんできたアクを一気にすくい取るようにする。

[プロセス]

1
2
3
4
5
6
7
8

[作り方]

1 … スッポンの首を落とし、甲羅に十字に切り込みを入れ、足つきの状態で70℃の湯で霜降りにする。氷水に落とし、薄皮を取り除く。さばき、酒、山の湧き水、爪昆布、白ネギの頭、ショウガを加え、強火で炊く。

2, 3 … 沸きあがったら強火のまま、混ぜて一気にアクを引く。アクがある程度取れたら、ぽこぽこと沸く状態にして、1時間半ほどもどす。調味料を加え、1時間ほどさらに煮る。

4 … 卵生地の材料を合わせておく。
5 … スッポンを漉して汁と身に分ける。
6 … 身はほぐし、エンペラは2cmほどに切る。
7 … 4と6、白ネギの笹打ちを混ぜ合わせる。
8 … ラップ紙で包んで茶巾にし、湯煎で火を入れる。椀にすっぽんの茶巾を盛り、スライスしたトウガンをかぶせる。味をととのえ、ゆがいた菊花を加えたスッポンだしを張る。白髪ネギと香糸ネギ（タマネギの芽）を添える。

[材料]（2人分）

スッポン1匹、山の湧き水、酒、爪昆布、白ネギの頭、ショウガ（スライス）各適量
淡口醤油、天然塩、ミリン 適量
卵生地（全卵、すり身、ヤマノイモ、吉野葛、塩、だし 各適量）
トウガン、菊花、白髪ネギ、香糸ネギ 各適量

秋の椀 • 103

冬の椀

冬はカニやフグ、カキ、白子などのぜいたく感のある食材や、霜を受けておいしくなるネギやホウレン草、根菜類がふんだんに使える、椀物にとって真骨頂の季節。椀地は葛を引いたり、みぞれ仕立てにするなどして保温力を高めたり、味噌仕立てにするなどのバリエーションも増えてくる。また正月の椀となると、日本人にとって欠かせないのが雑煮であり、めでたさも含めて、新年を彷彿とさせる仕立て方が求められる。

冬の椀 01
奥田 透（銀座 小十）

ふぐのてっちり椀

トラフグの身、白子、皮を個別に調理し、トラフグの骨で引いただしを張った仕立て。「ふぐのてっちり」が持つ濃縮した旨みと、お椀としての繊細で濁りのない風味を同時に感じさせる一品へと仕立てなおした。

「ふぐちり」を部位ごとに分解し煮ものの椀へと再構築

「『ふぐちり』のようにフグを丸ごと味わうことができ、同時にお椀としての繊細さや香り高さも備えた品を作るには?」という発想が出発点の一品。酒蒸しして旨みと筋肉質な触感を引き出したトラフグの上身と、炭火で焼いたコクのある白子に、トラフグの骨と頭で引いた香り豊かなだしを合わせ、湯引きした皮でコリコリとした触感を添える。それぞれに最適な調理をほどこしたパーツを椀の中で合わせることで、「ありそうでなかった、フグが主役のお椀」(奥田氏)を完成させた。

[プロセス]

[作り方]

1 … トラフグをさばく。中骨と頭は適宜の大きさに切る。上身と白子、皮はとりおく。
2 … 中骨と頭を90℃の湯で霜降りする。氷水にさらしながら、血や汚れを取り除く。
3 … トラフグのだしの材料を合わせ、強火で煮立てる。アクを引き、澄んできたら火を止め、漉す。
4 … トラフグの上身を二等分して先端を切り落とす。両面に塩をふり、15分間おく。
5 … 4に酒をふり、中火で5分間蒸す。
6 … 白子に金串を刺して炭火で焼く。
7 … ハクサイをゆでて水気を切り、適宜の大きさに切る。これを重ねて鍋底に敷き、煮汁でさっと炊く。
8 … 椀に適宜切った7を敷き、5を盛る。6、湯引きしたトラフグの皮、きざんだアサツキ、紅葉おろしをあしらう。温めた共地を張る。

[材料](4人分)
トラフグ上身 250g、白子、皮 各適量
トラフグのだし(トラフグの頭・中骨2尾分、水1.2ℓ、酒400cc、昆布10g)、ハクサイ 適量、煮汁(トラフグのだし500cc、塩2g、淡口醤油 小さじ3)、共地(トラフグのだし600cc、塩3g、淡口醤油 小さじ2.5)、アサツキ、紅葉おろし 各適量

冬の椀 • 107

冬の椀 02
末友久史（祇園 末友）
蕪 鮑柔らか煮

間人の1.5kgサイズのオガイアワビを大ぶりに切り分け、京こかぶととも
に盛り、すりユズをふる。京こかぶはダイコンのように丸く円柱形にむき、
面取りはせずに丸々ひとつを椀に盛っている。

大ぶりのアワビと京こかぶのアンサンブル

松葉ガニで有名な間人(たいざ)のアワビを柔らか煮にして、京都市の旧京北町で採れた「京こかぶ」と共に椀に盛り込んだ。JA京都京北支店のブランド野菜である京こかぶは、「しっかりした身質が、炊くと柔らかくなる」(末友氏)。聖護院カブのほうが身質は細かいが、こちらはもともとは千枚漬のために改良された品種で皮付近が固く、厚くむく必要がある。小ぶりなサイズが生かせる京こかぶならではの使い道を提案した一品。

[プロセス]

1

2

3

4

5

6

[作り方]
1 … 間人産のアワビを塩みがきする。
2 … 酒をふりかけて、40～45分間蒸す。
3 … 京こかぶの葉を切り落とし、皮をむく。
4 … 円柱型に切りととのえる。
5 … 塩湯でゆでる。
6 … 2のアワビともに吸い口で煮る。それぞれ椀に盛り、味をととのえた地を張り、すりユズをふる。

[材料]
アワビ、京こかぶ、ユズ 適量
吸い地(一番だし、塩水、淡口醤油) 適量

冬の椀 • 109

冬の椀03
松尾慎太郎（北新地 弧柳）

月の輪熊と豊能町高山水菜のハリハリ椀

同じ赤身の肉でもクジラではなく熊の肉で仕立てた、ハリハリ鍋を思わせる椀物。ダイコンとニンジンをむいた紅白の梅の花を飾り、あられに切ったユズをのせる。

脂肪ののった月の輪熊を野趣あふれる椀仕立てに

ハリハリという歯ざわりを楽しむ水菜を福井県勝山産のツキノワグマのロース肉と出会わせて、鍋ではなく椀に仕立てた。熊肉というと臭みがありそうに思われるが、冬ごもりで山の木の実を食べ、皮下脂肪をたっぷりと蓄えており、むしろナッツのような香りがする。ただし、野生のものなので火を通しすぎると固くなるため、薄切りにしてさっと炊くようにする。椀物であれば鍋物と違って、適切な火の通り加減で提供できる。

[プロセス]

  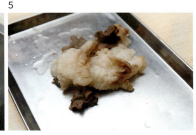

[作り方]

1…田辺ダイコンを適当な大きさに切り、米のとぎ汁（分量外）でゆでてもどす。
2…八方地で炊く。
3…熊のロース肉を薄切りにする。
4, 5…一番だしに淡口醤油、酒、ミリン、塩で吸い地よりも少し濃いめの味をつけ、熊肉を炊く。
6…熊肉を引き上げた煮汁に水菜を入れ、さっと火を通して引き上げる。1の田辺ダイコン、5の熊肉、水菜を椀に盛り、味をととのえた煮汁を張る。梅型に抜いた金時ニンジンとダイコンを重ねて盛り、あられユズを散らす。

[材料]（2人分）

月の輪熊ロース肉 60g、水菜 40g、田辺ダイコン、金時ニンジン、ユズ 各適量
一番だし 200cc、淡口醤油、酒、ミリン、天然塩 各適量

冬の椀 04
奥田 透（銀座 小十）
松葉蟹のかぶら蒸し椀

旨みにあふれた松葉ガニの肉の触感や、鮮やかな赤い色を最大限に生かすため、ごくわずかなカブのすりおろしでつないで団子状にまとめた「ぜいたくなかぶら蒸し」。あぶったバチコで、風味にコクを加えた。

カニの風味と触感を生かす、「ぜいたくなかぶら蒸し」

椀種は、旬の松葉ガニをたっぷりと用い、すりおろしたカブとともに蒸し上げたかぶら蒸し。ただし主役はあくまでもカニであることから、カブの分量を極力減らし、下味もつけずに用いて、「カニ身が90％を占めるイメージ」(奥田氏)でシンプルかつぜいたくに仕上げた。カニの塩気によって味わいを表現することを狙い、吸い地の調味も抑え気味に。口に含むと松葉ガニの繊細な風味が一番だしベースの吸い地にぱっと広がり、その余韻が長く続く仕上がりが理想だ。

[プロセス]

[作り方]

1 … すりおろした聖護院カブを漉し器にとり、卵白を加える (しっとりとした仕上がりとするため、卵白は立てずに用いる)。

2 … 漉し器の上で聖護院カブと卵白を混ぜ合わせ、余分な水気を落とす。

3 … 松葉ガニを蒸し器で30分間蒸す。殻からはずしたカニ肉を適宜の大きさにちぎり、2と合わせる。

4,5 … 3を手に取り、カニ脚の模様が表面に出るように注意しながら、直径5cmほどの団子状に成形する。

6 … 5を中火にかけた蒸し器で5分間蒸す。

7 … 椀に6、炭火であぶったバチコ、ゆでた芽カブを盛り、あられユズを散らす。温めた吸い地を張る。

[材料] (4人分)

松葉ガニ 1杯 (カニ脚200gを使用)、聖護院カブ 大1/4個、卵白 小さじ1、吸い地 (一番だし600cc、塩2g、淡口醤油 小さじ1/4、葛粉 適量)、バチコ、芽カブ、ユズ 各適量

冬の椀

冬の椀 05
末友久史（祇園 末友）

栃餅白味噌仕立て

京都の雑煮といえば白味噌仕立てだが、その餅を栃餅に差し替えた。
黄金色の琥珀玉子と、紅白の日の出人参、雑煮大根を添えている。
栃餅を「土地持ち」にも掛けた、おめでたい椀。

京都の山間の集落に伝わる素朴な味の栃餅を椀種に

京都市の北部、大原や美山、久多といった山に囲まれた集落では、生活の知恵としてトチの実を乾燥保存し、栃餅に加工して食べる文化が伝えられている。タンニンの渋みでそのままではとても食べられないが、長期間水にさらしてアクを抜くことでほろ苦い素朴な味となる。アク抜きするにはカルキの臭いがする水道水は使えず、店では井戸水を使っている。

[プロセス]

1

2

3

4

[作り方]

1 … 乾燥したトチの実を。2週間水にさらす。

2 … もどったら皮をむく。流水に1週間さらす。湯を2回かけ、トチの実と同量の灰を混ぜ、沸騰した湯をかける。そのまま2日間おき、さっと水で洗う。蒸したモチ米と一緒に搗いて、丸める。

3 … 白の粗味噌、酒粕、ミリン粕を同量ずつ合わせて味噌床を作り、寒冷紗を敷いて卵黄を3日間漬ける。吸い地加減の二番だしに梅干しを加え、輪切りにしたニンジンを炊いて梅煮にする。

4 … 2の栃餅を椀盛りし、吸い地加減の二番だしで炊いたダイコン、3の琥珀玉子と日の出人参を添える。一番だしで溶いた白ミソを張る。

[材料]

乾燥トチの実、モチ米 適量
卵黄、粗味噌、酒粕、ミリン粕
ニンジン、ダイコン、二番だし、淡口醤油、塩水、梅干し 適量
白味噌、一番だし 適量

冬の椀 06
松尾慎太郎（北新地 弧柳）

明石鯛と天王寺蕪

梨割りにした鯛の頭とカブという定番の組合せを椀物として仕立てた。
鯛の頭は素焼きにしてあり、カブの甘みも加わっているので、潮汁とも
異なる味わいがある。

鯛かぶら

炊合せよりも淡い味つけの焼き目をつけた鯛かぶら

炊合せの定番料理の一つである「鯛かぶら」はタイの頭とカブを薄めの粗炊きくらいの味つけで炊く料理だが、ここに香ばしい鯛のかぶと焼のおいしさを取り入れ、椀物に仕立てた。天王寺カブも炭火で油焼きにして、香ばしさをつけるとともに味を凝縮させる。またカブの皮は捨てずにタイの頭と一緒に炊いて、その甘みを汁に移している。

[プロセス]

1

2

3

4

5

6

[作り方]
1 … 天王寺カブの皮をむき、厚めのくし型に切る。皮はとりおく。
2 … 半分に割った鯛の頭のウロコを取り、塩をして一晩おく。
3 … 焼き網で鯛の頭を焼き、鍋に並べる。
4 … 1のカブの皮を鍋に入れ、一番だし、酒、淡口醤油、ミリン、天然塩を加える。
5 … 沸かさないようにゆっくり炊き、カブの甘みを移す。
6 … 天王寺カブに太白胡麻油を塗り、炭火で焼く。5の鯛と共に椀に盛り、漉した汁を張る。ゆがいて色だししたウグイス菜と松葉ユズを天盛りする。

[材料] (2人分)
明石鯛の頭1/2尾分、天王寺カブ1/2個
ユズ、ウグイス菜 適量
一番だし400cc、淡口醤油、酒、ミリン、天然塩 各適量

冬の椀 07
奥田 透（銀座 小十）
彩り野菜の沢煮椀

一番だしの旨みと、さまざまな冬野菜の甘みや触感を同時に楽しむ沢煮椀。コクを補うために吸い地に加えることが多い豚の背脂を用いず、極力シンプルな仕立てとした。

たっぷりの野菜とともに一番だしをシンプルに味わう

一番だしベースの吸い地を張ったお椀に、二番だしでさっと炊いた野菜をたっぷりと盛った沢煮椀。コクを補うために加えることの多い豚の背脂を用いず、引きたての一番だしの鮮烈な風味と冬野菜の触感を最大限に引き立てる仕立てとした。「一番だしは『吸いもの専用だし』。『煮炊き用だし』の二番だしにはない、鮮度の高さが求められます」(奥田氏)。そのためには、お客に提供する時間から逆算して仕込みをはじめ、常時引きたてを用いる手際のよさも欠かせない。

[プロセス]

[作り方]
1… 京ニンジン、ダイコン、シイタケ、ミツバ、チシャトウ、ゴボウ、ウドを長さを揃えたせん切りにする。ゴボウとウドは水にさらす。
2… 二番だしの材料をすべて合わせて水から煮立て、漉す。この二番だしで1の野菜類をさっとゆで、水気をきる。
3… 一番だしを温め、塩と淡口醤油で味をととのえる。
4… 2を椀盛りし、3を張る。天に木ノ芽を飾る。

[材料](2人分)
一番だし (300ccを使用)：昆布38g、カツオ節160g、水3ℓ
二番だし (使いやすい分量を使用)：昆布、カツオ節 (ともに一番だしを引く前のものと、引いた後のもの)、水 各適量
京ニンジン、ダイコン、シイタケ(生)、ミツバ、チシャトウ、ゴボウ、ウド 各適量、塩1g、淡口醤油 小さじ1/5、木ノ芽 適量

冬の椀 • 119

冬の椀 08
末友久史（祇園 末友）

皮剥ぎ 聖護院大根のみぞれ仕立て

大きなカワハギの肝と身を盛り、骨からとった共地を張った。すりおろした聖護院ダイコンが、霜の降りた野原や雪景色を連想させるとともに、冷めにくくてその熱さもご馳走として感じられる、冬らしい椀。

カワハギと その骨から 出ただしを みぞれ仕立てに

大きな肝臓が魅力のカワハギは頭が大きくて身が薄く、オコゼの代用のような位置づけで見られており、肝醤油で造りにすることはあっても椀種に使われるケースは少ない。しかし先入観を捨てて素材に向き合うと、オコゼならではの魅力が見えてくる。ここでは身と肝は蒸して、大きな中骨からはだしをとり、無駄なく活用。すりおろしたダイコンでみぞれ仕立てにしている。

［プロセス］

1

2

3

4

5

6

7

［作り方］
1…カワハギを三枚におろす。身と肝を蒸し器に入れ、酒をふり、5〜7分間蒸す。
2…中骨を遠火の炭火で焼く。
3…昆布だし、中骨と同量の酒で煮て、だしをとる。
4…ペーパータオルを敷いたザルで漉す。
5…聖護院ダイコンを切り分け、厚めに皮をむく。
6…おろし金ですりおろす。3の地に加える。
7…6に1の蒸し汁を加え、塩水、淡口醤油で味をととのえる。1のカワハギの身と肝を盛り、みぞれ仕立ての共地を張る。アサツキ、七味トウガラシを天盛りする。

［材料］
カワハギ、昆布だし、酒 適量
聖護院ダイコン、アサツキ、七味トウガラシ 適量

冬の椀09
奥田 透（銀座 小十）

真鯛と唐墨、亀甲大根の祝い椀

厚切りにしたカラスミや紅白に結んだダイコンとニンジン、酒蒸ししたタイの下から、亀甲型のダイコンが現れる正月らしい椀盛。「吸い地で椀種を食べてもらうイメージ」で、塩味をきかせた吸い地に仕上げている。

正統派の椀種を一番だしベースの澄んだ吸い地で引き立てる

タイ、カラスミ、亀甲に切ったダイコンなどを盛り込んだ祝い椀。「ボリューム感のある椀種をおいしく食べるための吸い地」を意識し、醤油を抑えて塩味の勝った調味とした。また、酒蒸ししたタイとのバランスを考え、吸い地にも酒を加えて椀種との一体感を出している。椀種のダイコンの煮炊きに使う二番だしは、一番だしに用いたカツオ節と昆布から引くことが多いが、奥田氏は未使用のカツオ節と昆布を主材料とし、水から煮立てて濃厚かつ香り高いだしに仕上げている。

［プロセス］

1
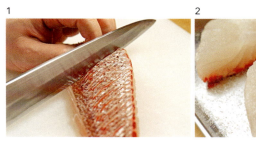

2

3

4

5

6

［作り方］

1 … タイを三枚におろし、皮目に飾り包丁を入れる。

2 … 1を約5cm幅に切り、両面に塩をふって20〜30分間おく。

3 … 2に酒（分量外）をふり、蒸籠で約6分間蒸す。

4 … ダイコンを六方にむいて米のとぎ汁で下ゆでし、流水にさらしてから二番だしでゆでる。塩と淡口醤油（ともに分量外）を加え、煮含ませる。

5 … 吸い地を作る。一番だしを温め、塩、酒、淡口醤油を加える。

6 … 椀に3、下ゆでした後に二番だしで炊いたマイタケと芽カブ、炭火であぶったカラスミ、下ゆでして結んだダイコンと京ニンジンを盛り、5の吸い地を張る。ユズ皮を散らす。

［材料］（2人分）

タイ、ダイコン、マイタケ、芽カブ、カラスミ、京ニンジン、ユズ皮 各適量、一番だし 300cc、塩 1g、酒（大吟醸）小さじ1、淡口醤油 小さじ1/4、二番だし 適量

冬の椀

冬の椀 10
松尾慎太郎（北新地 弧柳）

河豚白子と豊能町高山牛蒡の雑煮仕立て

フグの白子を餅に、ゴボウのすり流しを白味噌に見立て、雑煮風に
仕立てた椀物。初釜の菓子である花びら餅に見立てたダイコンも入れ、
新しい年のめでたさを表現している。

フグの白子とゴボウのすり流しで雑煮風に

高山ゴボウは、江戸時代から豊能地区で栽培されているなにわの伝統野菜。堀川ゴボウ系で芯にスが入っていた姿などがよく似ているが、「堀川ゴボウより土の香りが強い」(松尾氏)ので、その香りを生かすため、たわしで洗う際にあまりこすりすぎないように気をつける。味噌以外の調味料は加えずに、タマネギの甘みとゴボウの香りで、濃厚なフグの白子を楽しむ料理。

[プロセス]

[作り方]
1 … 高山ゴボウをたわしでこすり、洗い流す。薄切りにする。
2 … タマネギの薄切りと一緒に炒める。
3 … 一番だしを加え、柔らかくなるまで炊く。
4 … ミキサーにかけてペーストにする。
5 … やや粗目のザルで漉す。
6 … 白味噌を加え、一番だしで濃度を調整する。
7 … フグの白子に串を打ち、炭火焼きにする。
8 … ダイコンの薄切りと棒状に切ったニンジン、ゴボウを吸い地(分量外)で炊く。ダイコンでニンジンとゴボウを挟み、花びら餅のようにして椀に盛りつける。7の白子をのせ、6のすり流しを張る。吸い地で炊いた芽カンゾウ、粉ザンショウ、金箔をあしらう。

[材料](2人分)
フグの白子1個(70g)、高山ゴボウ50g、タマネギ5g
一番だし、白味噌 適量
芽カンゾウ、粉ザンショウ、金箔 適量

冬の椀 11
奥田 透（銀座 小十）

蟹しんじょう 清汁仕立て

ズワイガニの繊細な風味を損なわないよう、昆布だしの中で泳がせて火を通したカニのしんじょうに、聖護院カブを合わせて上品な仕立てに。梅と鶯の金蒔絵を施した椀で、春の訪れを感じさせる一品。

昆布だしとカニのエキスの旨みの相乗効果を楽しむ仕立て

ボイルしたズワイガニの身を、白身魚のすり身とつなぎを合わせたしんじょう地に混ぜ込んだカニしんじょう。カニの繊細な味わいを生かすため、しんじょう地のつなぎは浮き粉とツクネイモ、卵白を用いた伝統的なスタイルとし、これを昆布だしでのばして淡い味わいに仕立てた。丸にとったしんじょうは昆布だしでゆでるが、これは「蒸すとカニのエキスが抜けて風味が落ちてしまう」（奥田氏）ため。しんじょうを口に含むと、カニの旨みがジュッとしみ出す仕上がりが理想だ。

［プロセス］

［作り方］

1 … ズワイガニをゆでて身をほぐす。

2 … すり身と浮き粉をフード・プロセッサーにかける。ある程度混ざったら昆布だし*を加え、さらに混ぜる。

3 … 2にすりおろしたツクネイモと卵白を加え混ぜる。昆布だしで適度な柔らかさにのばす。

4 … ボウルに1と3を入れて混ぜ合わせる。

5 … 4を片手に取り、空気を抜くように練り合わせる。しんじょう1個分（約50g）を指の間から押し出し、スプーンで丸に取る。

6,7 … 5を温めた昆布だしに静かに落とす。アクを除きながら、約5分間ゆでる。

8 … しんじょうが浮かび上がってきたら完成。椀に盛り、地で炊いた聖護院カブ、塩ゆでしたホウレンソウの軸、細切りにしてゆでた京ニンジンとダイコンを添え、吸い地を張る。天にユズを飾る。

［材料］

カニ身500g、白身魚のすり身（市販品）500g、聖護院カブ、京ニンジン、ダイコン、ホウレンソウの軸、ユズ　各適量

つなぎ（浮き粉 大さじ2、ツクネイモ100g、卵白1個分、昆布だし 適量）

吸い地（一番だし200cc、塩1g、淡口醤油 小さじ1/4）

＊すり身は増粘剤や保存料が入っていないものを選ぶ。

冬の椀 ・ 127

冬の椀 12
松尾慎太郎（北新地 弧柳）

泉州の渡り蟹の真薯 共出汁合わせ味噌仕立て

ワタリガニの殻や子のオレンジ色に、難波ネギの緑が映える味噌汁。ワタリガニは煮込んでだしを取るのではなく、椀種に仕立てて、殻のみでカニのだしをとっている。

ワタリガニは煮込まずに殻はだしに身は具に

大阪人に愛されてきたワタリガニを使った味噌汁。ワタリガニは身もよく煮込んでしまえば汁はうまくなるが、カニはだしがらになってしまう。そこで身は別にして、殻でだしをとるが「あまり長い時間煮ないで、香ばしい香りをつける」(松尾氏)のがこつ。難波ネギを焼ネギにして具にする他に、それとは別に緑が飛ばないようフライパンで粘りがでる程度に炒め、ミキサーにかけて薬味としている。

［プロセス］

［作り方］

1 … ワタリガニの殻を割り、子をはずす。

2 … 脚ははずし、塩をあてておく。残りの身は殻から取り出し、塩蒸ししてほぐす。

3 … 身をはずした殻を焼く。

4 … 殻を一番だしで煮て、白ミソと田舎ミソで味をつける。難波ネギを炭火で焼き、この味噌汁で炊く。

5 … 難波ネギの先を切り落とし、適当に切り分けて少量の太白胡麻油（分量外）でさっと炒める。氷水で冷まして色とめする。

6 … ミキサーにかけ、ペースト状にする。少量のミリン、濃口醤油で味をつける。

7 … ほぐした身にしんじょう地をつなぎ程度に加える。塩をあてた2の脚の身に片栗粉（分量外）を打ち、ほぐした身で丸く包む。

8 … 10分間蒸す。椀に盛り、6のピュレ、塩をした蟹の子、4の難波ネギをあしらい、白髪ネギと七味トウガラシを天盛する。

［材料］（2人分）

ワタリガニ（200〜300g）1尾、難波ネギ100g、一番だし、ミリン、濃口醤油、白ネギ、七味トウガラシ 適量

白ミソ、田舎ミソ 適量

しんじょう地（すり身、ヤマノイモ、卵白、吉野葛、塩 適量）

冬の椀

冬の椀 13
奥田 透（銀座 小十）

帆立しんじょう 清汁仕立て

つなぎに自家製の「卵の素」を用いてコクを補ったホタテのしんじょう
を、プリプリとした触感が引き立つよう蒸籠で蒸し上げた。マイタケや
芽カブを添えて、具だくさんのお椀に。

ホタテの香りに負けない、存在感あるつなぎを使う

「しんじょの魅力は、ふっくらとした生地の触感と、おだやかな風味の吸い地による『ほっとできる味』」と奥田氏。寒い季節に暖かさを感じてもらうのに向く仕立てと言える。「貝類を生のままんじょに入れると味がぼやける」との考えから、ホタテはバーナーであぶって香ばしさをつけ、氷水で締めることで風味を凝縮させた。つなぎの「卵の素」は、卵黄にサラダ油を加えながらよく混ぜて、ペースト状にしたもの。なめらかな触感とコクが特徴で、すり身とほぼ同量を用いる。

[プロセス]

[作り方]

1 … ホタテを金串に刺し、バーナーで炙る。

2 … 1のホタテの全面に焼き色がついたら氷水にさらす。布巾に取ってよく水気をきり、1〜1.5cm角のさいの目切りにする。

3,4 … つなぎの材料を合わせ、泡立て器で混ぜる。サラダ油は数回に分けて加えていく。ペースト状になったら冷蔵庫で冷やす。

5 … 4とフード・プロセッサーにかけたすり身を合わせ、混ぜて全体をなじませる。

6 … 2と5をボウルに合わせ、混ぜ合わせる。

7 … 手で6をしんじょ一つ分の大きさ（約50g）に取り、丸に成型する。蒸籠に並べ、中火で8〜10分間蒸す。

8 … 蒸し上がり。火は完全に入っているが、表面にすが立つ手前で止まっている。椀に盛り、塩ゆでした芽カブ、吸い地加減に炊いたマイタケ、ゆでた京ニンジンとダイコンを添え、吸い地を張る。天にユズを飾る。

[材料]

ホタテ500g、白身魚のすり身（市販品）500g、芽カブ、マイタケ、京ニンジン、ダイコン、ユズ 各適量

つなぎ（卵黄5個分、塩5g、サラダ油300cc）

吸い地（一番だし200cc、塩1g、淡口醤油 小さじ1/4）

冬の椀

column 01

椀について

椀を初めて見る外国人は、その軽さや色艶からプラスチック製品と勘違いするかもしれない。実際、大量に使う食堂などの業務用の椀は、メラミンなどの合成樹脂製の代用品が使われている。漆においてもウレタンやアクリルなどの代用塗料があり、「カシュー」と呼ばれる人工漆もある。これは元はカシューナッツの殻から作られた塗料のことだったが、今は天然油を用いた人工塗料全般に使われている言葉だ。それに比べて天然漆はウルシの木に傷をつけて樹液を手作業で少しずつ集めなければならず、高価で希少なものである。特に国産漆の流通はごくわずかで、中国からの輸入漆が9割以上を占めている。天然の漆は製品になった後も、空気中の酸素と湿度を吸い、酵素の働きで硬さが増していく。色艶、触れた時の感触など、人工品には変えがたい漆ならではの魅力があることを知ってほしい。

器体について

漆を塗る前の基礎となる土台が器体である。天然の木材を切り出した後、樹脂を抜き、ゆがまないように数年かけてよく枯らしてから加工する。椀の場合は、くりぬいたり、ろくろで挽いたりして丸い器の形に仕上げていく。
こうした天然木の「本木地（ほんきじ）」に対して、木の粉を圧縮して固めたり、合成樹脂に木の粉を混ぜて整形する「天然木加工品」「木乾（もっかん）」もある。これらは詰まっているため断熱性で本木地に劣り、概して重く、水に入れると沈んでしまう。最近は比重を天然木に近づけたものもあるが、本木地は息を吹きかけると木目が浮き出してくるので見分けがつく。
漆器の産地は津軽や岩手、会津、木曽、飛騨、山中、越前などあまたあり、消費地に近い江戸漆器や京漆器もあるが、名高いのが石川県輪島市の輪島塗である。器体がしっかりと作られているのが特徴で、縁や見込み、底には布をかぶせて、強度を高めている。さらに能登で産する珪藻土（飛騨コンロの材料ともなる柔らかい岩）を焼いて粉にした地の粉を混ぜた下地漆を全体に塗ってある。下地を塗っては研ぎ作業を3回も行ない（一辺地付け〜地研ぎ）、それから中塗を経てようやく上塗となる。

素地の製作工程
（輪島塗りの場合）

自然枯らし
↓
木取り（型はつり）
↓
荒挽き
↓
燻煙乾燥
↓
乾燥調製
↓
中挽き
↓
外挽き
↓
内挽き
↓
底挽き

椀の各部名称

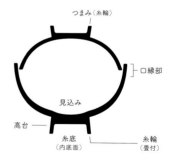

塗りの製作工程

木地磨き
↓
切彫り
↓
木地拵え
↓
刻苧詰め
↓
刻苧削り
↓
木地固め
↓
木地固め磨き
↓
布着せ
↓
布削り
↓
惣身付け
↓
惣身磨き
↓
一辺地付け
↓
一辺地研ぎ
↓
二辺地付け
↓
二辺地研ぎ
↓
三辺地付け
↓
地研ぎ
↓
地固め
↓
中塗
↓
錆ざらえ
↓
中塗研ぎ（拵えもん）
↓
小中塗
↓
拭上研ぎ
↓
上塗
↓
呂色

塗りについて

ウルシの木から採取した漆液から大まかな不純物を濾過した生漆（きうるし）が、酸化鉄と化学反応を起こしたのが黒い漆の色。生漆を精製した半透明の漆が朱合漆（しゅあいうるし）で、別名を透き漆（すきうるし）という。これに顔料を加えることで、赤や緑など各色の彩漆（いろうるし）となる。地の粉や砥の粉を加えた下地用の漆に対し、これらは上塗りに用いられる。

塗りの用語集

洗い朱（あらいしゅ）	黄色みの強い朱色（オレンジ、柿色）。黄口とも呼ばれる。これに対して普通の赤は赤口。
淡口（あわくち）	赤口と洗い朱の中間。
本朱（ほんしゅ）	やや黒っぽい赤。古代朱ともいう。
紅柄（べんがら）	茶に近い赤。インドのベンガル地方の土の色からついた。
潤み（うるみ）	透き漆に少量の赤口の顔料を加えたり、赤口漆に黒漆を加えたりして作る、黒みを帯びた朱色の総称。
呂色（ろいろ）	油分を加えない漆で上塗りを終えた後、研磨と生漆を塗り込む作業をくり返し、光沢を出す仕上げ。
真塗（しんぬり）	呂色の工程を行なわない上塗り仕上げ。艶がないぶんしっとりした風合いになる。
溜塗（ためぬり）	朱漆の中塗りの後、透き漆（溜め漆ともいう）で上塗りしたもの。
鼈甲塗（べっこうぬり）	黄口の中塗の後、透き漆で上塗りしたもの。塗肌が鼈甲に似ている。
研ぎ出し（とぎだし）	わざと凸凹に塗った中塗りの上に、異なる色の上塗りを施し、研いで中塗りの地の色を出したもの。根来塗（ねごろぬり）などにみられる技法。
擦り漆（すりうるし）	木地に薄く生漆をすり込み、余分な漆をふき取る作業をくり返し、木目を生かしつつ光沢を出す仕上げ。
木地呂塗（きじろぬり）	拭き漆を行なった記事に、朱合漆を塗って仕上げたもの。
春慶塗（しゅんけいぬり）	木地を赤や黄色に染め、漆や柿渋を染み込ませた上で、精製度が高くて透明な春慶漆を塗ったもの。

加飾について

無地の椀ももちろん魅力的だが、料理店で使う器は草花や文様などの意匠を施したものが季節感を表現しやすい。そうした加飾に用いられるのが、金や銀の蒔絵（まきえ）である。上塗りした表面に絵漆で文様を描き、乾かないうちに金粉や銀粉を蒔き、固着させる。金銀の粉には粗さや用途によって、消し粉、丸粉、平粉、平目粉、梨子地粉などの種類があり、蒔いた後で磨いて艶を出すなどの仕上げによっても見た目が違ってくる。特に輪島塗の器は塗りが厚いので、金銀を埋め込む沈金や螺鈿など豊かな表現を可能としている。

加飾の用語集

平蒔絵（ひらまきえ）	平粉、丸粉を蒔いて、漆を塗って固め、磨いて光沢を出したもの。
研ぎ出し蒔絵（とぎだしまきえ）	金銀粉を蒔いて文様をつけた後、黒漆や透き漆を塗り、乾いたら研ぎ出して平らにし、擦り漆で艶をつけたもの。
高蒔絵（たかまきえ）	炭粉や焼き錫粉、砥石の粉を混ぜ込んだ錆漆（さびうるし）などで、文様部分を盛り上げて立体的に浮き出るようにしたもの。
沈金（ちんきん）	上塗の表面を彫って、そこに金銀の箔や粉を埋め込んだもの。
螺鈿（らでん）	虹色の光沢のある貝殻の内側を板状に加工して、表面に貼り付けたもの。
箔絵（はくえ）	漆で文様を筆描きし、乾く前に金や銀の箔を張って乾燥後に余分な箔を除いて文様とする技法。
梨子地（なしじ）	金銀粉を蒔いた後に、透明度の高い梨子地漆を塗って仕上げたもの。梨のような細かい肌合いとなる。
白檀塗（びゃくだんぬり）	金や銀の箔を張った上から、透き漆を塗ったもの。
彫漆（ちょうしつ）	何層にも塗り重ねた彩漆の層を彫って、文様を表すもの。

column 02

椀の取り扱い

漆は堅牢で、硫酸や塩酸、王水にも腐食されないすぐれものだ。だが残念なことに紫外線には弱く、分解して白く曇ってしまう。また漆は丈夫であっても器体は木材なので、高熱には弱い。食器洗浄機や電子レンジなどは当然不可。薄い金銀の箔や粉が使われている加飾部分はさらにデリケートで、使っているうちにも少しずつ摩耗していく。

洗い方	厨房に下げたら汚れたままや水に浸けっぱなしにせず、できるだけ早く洗うことが長持ちのこつ。ガラス器や陶磁器などと一緒に洗うと、傷をつける可能性があるので、椀は椀でまとめて洗う。たわしやクレンザーなどを使うと細かい傷がつくので不可。柔らかい布やスポンジで、ぬるま湯と薄めた中性洗剤で洗った後、最後の洗い上げに熱めの湯にくぐらせてから水をきる。
収納の仕方	新品の漆は独特のにおいが残っていることがあるが、その場合は糠を加えたぬるま湯で洗ってやるとよい。あるいは酢を薄めた湯で洗い、熱くした布巾で拭くという方法もある。乾燥すると変形の原因になるので、湿度が低すぎない、温度変化が少ない場所に収納する。日光が差すところや換気扇や空調の風が当たるようなところはもってのほか。また水気や手の脂が残っていると、かびや傷みの原因になるので、二度拭きしてからしまう。ただ、星のようなかびが発生したとしても、表面だけなので、ふき取れば除くことができる。
修理について	漆は塗り直しがきくのも、ガラス器や陶磁器にはない特徴だ。傷や亀裂などが上塗り層でとどまっていれば、研磨した上で塗り直すと、新品と見まがうほど。塗り直しで朱から黒というふうに、色を変えることさえ可能である。また欠けたりひびが入ってしまった場合でも、破片が残っているなど条件がよければ修復でき、陶磁器の金継ぎのように修理箇所がはっきりとわかるようなこともない。ただし、修理がきくのは本木地で下地や中塗をしっかり行なっている製品の場合。また蒔絵部分を直すのは、研ぎ落して新たに加飾をほどこさなければならず、それだけハードルは高くなる。

06 … 水仙と福良雀椀（外観＋内側＋蓋表）→ 116頁、松尾慎太郎「明石鯛と天王寺蕪」

 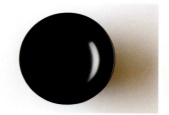 

07 … 日の出鶴蒔絵椀（外観＋内側＋蓋表）→ 118頁、奥田 透「彩り野菜の沢煮椀」

08 … 金箔地つぼつぼ蒔絵吸物（外観＋内側＋蓋裏）→ 120頁、末友久史「皮剥ぎ 聖護院大根のみぞれ仕立」

 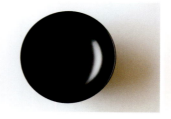 

09 … 柳椿蒔絵椀（外観＋内側＋蓋裏）→ 122頁、奥田 透「真鯛と唐墨、亀甲大根の祝い椀」

10 … 雲鶴蒔絵呂色塗椀（外観＋内側＋蓋表）→ 124頁、松尾慎太郎「河豚白子と豊能町高山牛蒡の雑煮仕立て」

11 … 鶯宿梅蒔絵椀（外観＋内側＋蓋裏）→ 126頁、奥田 透「蟹しんじょう 清汁仕立て」

12 … 扇面蒔絵椀（外観＋内側＋蓋裏）→ 128頁、松尾慎太郎「泉州の渡り蟹の真薯 共出汁合わせ味噌仕立て」

13 … 梅蒔絵椀（外観＋内側＋蓋表）→ 130頁、奥田 透「帆立しんじょう 清汁仕立て」

冬の椀の意匠は雪や椿、梅など。また正月の椀では、如意や丁子、分銅といった宝尽くし、鶴や亀、松、七宝、熨斗、扇などめでたさを感じられるものが選ばれる。

椀図鑑 • 141

椀替わり

これまで1年を通じて椀物を紹介してきたが、献立によってはガラス器や陶磁器に盛るなどで変化をつけたり、器を火にかけて熱々の鍋仕立てとして提供したいこともある。そうした際に椀と差し替わって登場するのが、その名の通りの椀替わり。伝統に捉われることなく、新しいアイデアやプレゼンテーションを試すことができるジャンルでもある。付録として季節の椀替わりから、その魅力の一端を紹介しよう。

椀替わり01
末友久史（祇園 末友）

花山椒のしゃぶしゃぶ

花ザンショウが出回るごく短い時期に提供される、花山椒鍋の進化形。
花ザンショウも牛肉のように軽く火を入れて、しゃぶしゃぶの牛肉で巻く
ようにして食べる。

花ザンショウと牛肉の鍋を風情のある湯桶で提供

花山椒鍋の場合は、その名の通り、花ザンショウをたっぷり入れてそのぴりっとした辛みを移した汁で牛肉を加熱するが、この料理では花ザンショウももっと軽く火を通して食べてもらう。昆布だしを熱している湯桶は湯豆腐などにも使われる特製の銅壺で、穴の中に炭を差し込み、薄まった際に鍋に差すだしを入れた土瓶も鍋と一緒に温めることができる。

［プロセス］

1

2

3

［作り方］
1… 花ザンショウは枯れた花や枝などが混じらないように、ていねいに掃除する。
2… 湯桶に濃口醤油を加えた昆布だしを張り、赤く熱した炭で加熱する。
3… 2の昆布だしに牛の薄切り肉をくぐらせて食べてもらう。つけダレとして、からみやすいように葛を引いてとろみをつけた醤油を添える。

［材料］
牛肉、花ザンショウ 適量
濃口醤油、水溶き葛 適量

椀替わり02
松尾慎太郎（北新地 弧柳）

河内一寸空豆のすり流し

少量を小吸い物椀で提供するすり流しではなく、匙を添えて、スープ感覚で食べてもらう椀替わり。鮮やかなソラマメのすり流しの緑と車エビの赤、碗の黄色の対比が美しい。

具だくさんなソラマメのすり流しを黄交趾の碗で

タイの白子で作ったしんじょうや車エビなどが入った、具だくさんな椀替わり。白子は胆のうが触れて緑色になっている部分は苦みも移っているので取り除き、しっかり炊くのがポイント。河内一寸ソラマメは文字通り3cmもある大型のソラマメで、その独特の豆くささを抑えるために少量の白ミソを加えて、すり流しにした。また甘みがあってサラダとしても食べられる、ソラマメの花やつるを添えている。

［プロセス］

［作り方］
1 … 鯛白子しんじょうを作る。タイの白子を掃除して、霜降りにする。一番だしに白醤油、酒、塩を加え、煮汁が少なくなるまで炊く。
2 … ザルで裏漉ししておく。
3 … すり身、ヤマノイモ、卵白、吉野葛、塩を加えて流し缶に流す。中火で5分、弱火で15分間蒸す。
4 … 河内一寸マメの爪を取り、塩ゆでして上身にする。いくつか別にとりおく。
5 … 白味噌を少量加え、ミキサーにかけ、一番だしでのばしていく。火にかけて、塩、白醤油で味を調整する。色が飛ばないように鍋ごと氷水に浸けて冷やす。3の鯛白子しんじょうを椀盛りし、葛打ちして八方地（分量外）でさっと火を通した車エビと取り置いた4の河内一寸マメを添える。すり流しを張り、一寸マメの花とつるをあしらう。

［材料］（2人分）
タイの白子、すり身、ヤマノイモ、卵白、吉野葛、塩 適量
車エビ（40g）2尾　河内一寸マメ、つる、花、ディルの花
一番だし、白醤油、酒、塩、白味噌 適量

椀替わり03
奥田 透（銀座 小十）

豆腐のすり流し 細切り蒸し鮑と生湯葉

よく水気をきった木綿豆腐をペーストにし、二番だしベースの地と合わせたすり流し。柔らかく蒸したアワビと、エダマメを触感のアクセントに。先付的な小吸いものと位置づけ、小ポーションのグラスに盛り込んだ。

なめらかなすり流しにアワビで触感のアクセントを

喉ごしのよい豆腐のすり流しに、蒸しアワビとユバ、エダマメを合わせた冷たいお椀。しっかりと水気をきった豆腐をフード・プロセッサーで撹拌してペーストにしてから、充分に冷やしただしを少量ずつ加えてさらに撹拌し、均等で、適度になめらかな状態に仕上げていく。「だしと豆腐の一体感を高めるには、回転数が高い機器を使うとよいでしょう」(奥田氏)。1人分約50ccずつを小ぶりなグラスに張り、氷を敷き詰めた陶器の器に盛り込んで、視覚的にも涼しさを演出した。

[プロセス]

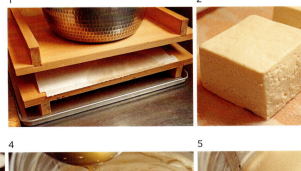

[作り方]

1,2…木綿豆腐の上下をペーパータオルで挟み、重しをする。段階的に重しを増やし、重量が1割程度減るまで水気をきる。
3…2の木綿豆腐をフード・プロセッサーで撹拌する。
4,5…すり流しの地を数回に分けて3に注ぎながら、なめらかにつながるまでさらにフード・プロセッサーで撹拌する。
6…アワビ(酒をふり、ラップ紙をかけて蒸籠で7時間蒸したもの)を約2mm幅の細切りにする。
7…生ユバを1cm幅に切る。
8…グラスの底にユバを敷き、その上に蒸しアワビをのせる。塩ゆでして薄皮をむいたエダマメ、6mmの大きさにくりぬいたキュウリを散らし、5の地を張る。適宜に切った芽ネギを飾る。

[材料](作りやすい分量)

木綿豆腐180g、すり流しの地(二番だし500cc、塩4g、淡口醬油 小さじ4、酒 大さじ1)、アワビ(蒸したもの)、生ユバ、エダマメ、キュウリ、芽ネギ 各適量

椀替わり04
末友久史（祇園 末友）
鱧しゃぶ

温めた昆布だしを客前に持ち出し、めいめいでさっとくぐらせて梅醤油で食べていただく。ハモばかりでは変化がないが、野菜の鍋にはしたくないので、しゃきしゃきとした歯触りの水蓮菜のみを添えている。

夏らしく昆布だしと梅肉醤油でさっぱりと

鱧しゃぶは、ハモの骨でとっただしで食べるのが一般的だが、ここでは昆布だしにくぐらせて、さっぱりと食べてもらう。梅肉醤油のつけダレで、レアに火の通った刺身を食べる感覚とでも言おうか。もう一つ鍋の具に使っている水蓮菜（スイレンサイ）は、正式名称をガガブタという水生植物。中国料理ではクウシンサイのように炒めて使われている。

［プロセス］

1

2

3

4

5

6

［作り方］

1, 2 … ハモを一枚に開いて骨切りし（49頁1～4参照）、3～4枚ごとに切り落とす。

3 … 水蓮菜。水底から茎をのばして水面に葉を広げるため、茎がとても長い。

4 … ハモに合わせて5cmほどの長さに切り分ける。

5 … 減塩の梅干しを酒に入れ、火にかけて煮切り、アルコールをとばす。このまま1日浸けておく。

6 … つぶしてすり鉢ですって梅肉にし、醤油でのばす。

［材料］

ハモ、昆布だし 適量

水蓮菜、梅干し、濃口醤油 適量

椀替わり05
松尾慎太郎（北新地 弧柳）

鱧の摺り流し仕立て 玉蜀黍の葛豆腐と赤海胆

伝統的な椀物であるハモのすり流しに、金針花の乾燥品を砕いた香煎、アマランサスや土佐酢のジュレなど現代的な要素を加え、涼し気なガラス器に盛りつけた。

大阪伝統のすり流しをガラス器で現代風に

「大阪の船場商人が夏に好んで食べた、粋な料理」（松尾氏）を現代に復活させた。生のままの身をすり鉢ですり身にし、だしでのばして仕立てるため、鮮度のよい活けのハモで作らなければならない。また、骨切りしてしまうと身に小さな骨が混ざって漉し取れなくなってしまうので、皮からへぐようにして身を切りはずす。焼き霜造りのハモの上にかけた土佐酢のゼリーは、とろみ調整剤のネオハイトロミールを溶かしてヨーグルト程度のとろみをつけている。

[プロセス]

[作り方]

1 … 生のトウモロコシの粒を、少量の太白胡麻油で色づかないように中火で炒める。
2 … 一番だしを半量加え、さっと炊く。
3 … ミキサーで攪拌する。
4 … ザルで裏漉しし、鍋に移す。少量の白醤油、天然塩で味をつけ、吉野葛で練り上げる。流し缶に流し、冷やし固める。
5 … ハモの身を2cm幅くらいに切り分ける。
6 … すり鉢ですりつぶす。残りの一番だしを少しずつ加え、白醤油、天然塩で味をととのえ、裏漉しする。
7 … 骨切りしたハモに串を打つ。
8 … 身側を炭火で焼き、皮目に直接備長炭を当てる。ガラスの器に6のすり流しを張り、切り出した4、ハモの焼霜を盛り、上から土佐酢のジュレ（きざみミョウガと叩き木ノ芽を加える）をかけ、ウニなどをのせる。塩ゆでして八方だし（分量外）に浸したハスイモをあしらう。

[材料]（2人前）
ハモ 350g、トウモロコシ 1本、淡路島産生ウニ、ミョウガ、木ノ芽、ハスイモ、アマランサス、豆のつる、金針花香煎 各適量
一番だし 400cc、白醤油、天然塩 各適量
土佐酢、ネオハイトロミール 適量

椀替わり

椀替わり06
奥田 透(銀座 小十)

玉蜀黍のすり流し 生雲丹と夏野菜のゼリー寄せ

熟したトウモロコシの黄色が鮮やかなすり流し。醤油を抑えた味つけで、トウモロコシの甘みを引き立てる。夏野菜のお浸しをゼリー寄せにし、たっぷりのウニとともに盛ることで存在感のある椀種に仕立てた。

トウモロコシの冷たいすり流しを存在感のある椀種とともに

濃い甘みが特徴のトウモロコシ「味来」を、冷製のすり流しにした。トウモロコシは蒸して水分を抜き、甘みを凝縮させてからペーストに。ともによく冷やしたペーストと二番だしを合わせ、泡立て器で手早くつないでいく。このすり流しに合わせたのは、丸ごとお浸しにしたナスやオクラなど素材の形と触感を生かした夏野菜のゼリー寄せと、たっぷりの生ウニ。お椀としての強い存在感と、すり流しのなめらかさを邪魔しない触感のよさを併せ持つ、しっかりとした骨格のある椀種だ。

[プロセス]

1
2
3
4
5
6
7
8

[作り方]

1…夏野菜のゼリー寄せを作る。ナスを直火で焼いて氷水に落とし、皮をむいて濃口醤油を加えた吸い地（分量外）に浸ける。エダマメはゆでて薄皮をむく。その他の野菜は塩ゆでして氷水に落とし、吸い地に浸ける。
2…1のナスを流し缶のサイズに合わせて切る。グリーンアスパラガスも同様にする。
3…流し缶に野菜を2段重ねにして詰める。
4…ゼリー寄せの地の材料を合わせ、1/3量を3に流して冷蔵庫に入れる。固まったら、さらに1/3量を流す。これをくり返す。
5…トウモロコシに塩をふって10分間蒸す。粗熱をとり、冷蔵庫で冷やす。ほぐしてフード・プロセッサーにかけ、裏漉しする。
6,7…すり流しの地を5に加え、泡立て器でなめらかにつなぐ。
8…4とウニを盛る。7のすり流しを張り、青ユズの皮のすりおろしをあしらう。

[材料]（作りやすい分量）

トウモロコシ（味来）2本、すり流しの地（二番だし300cc、塩3g、淡口醤油 小さじ1/2）、ナス、サヤインゲン、グリーンアスパラガス、オクラ、エダマメ 各適量、ゼリー寄せの地（二番だし500cc、塩3g、淡口醤油 小さじ1、板ゼラチン27g）、ウニ、青ユズ 各適量

椀替わり07
末友久史（祇園 末友）

茸の土瓶蒸し風仕立て

土瓶蒸しとはいっても土瓶の中に具は入れず、軽く焼いたキノコを椀に盛り、熱したハモだしをめいめいで注ぎかける方式だ。茶漬けのような感覚で楽しんでもらう料理。

土瓶で熱したハモだしで客前で完成させる椀替わり

いろいろなキノコを取り合わせた、複合の味で作るハモとキノコの汁。キノコは炭火で焼いて香りを引き出すとともに、味を凝縮させておく。鱧のだしはひょうたん型の土瓶に入れて炭火にかけて沸かし、椀に盛ったキノコに注ぎかけて、さらに香りを立たせるという趣向。寒い冬の時期であれば、深くて熱が逃げにくい筒向に盛ってもよい。

［プロセス］

1

2

3

4

［作り方］

1、2 … ハモをおろした際の出る頭や中骨に、0.5％の塩をあてておく。網にのせ、炭火で素焼きにする。
3 … 2を鍋に入れて水を張り、煮てハモのだしを取る。キッチンペーパーを敷いたザルで漉し、塩水、淡口醤油で味をととのえ、土瓶に入れて炭火にかける。
4 … キノコを炭火で焼く。椀に盛り、3の熱いハモだしをかける。

［材料］

白マイタケ、シメジ、タモギタケ、ヤマブシタケ 適量
ハモの頭、中骨、塩水、淡口醤油 適量

椀替わり08
奥田 透（銀座 小十）

蕪のすり流し

冬の寒い時期に、少量で先付や箸休め的に小吸い物碗で提供する蕪のすり流し。フグの白子の大きめの輪切りを入れて、ぜいたくな仕立てにしている。

冬ならではのカブの甘みと舌ざわりを小ぶりの器で

「少量で楽しむ小吸い物には、3種類くらいの味の要素がほしい」（奥田氏）ため、下仁田ネギとフグの白子を盛り込み、カブのすり流しを張った。濃厚なフグの白子に力強い下仁田ネギの組合せが合うが、その甘みの強さでカブの甘みが引き立たなくなる恐れがあるため、量のバランスに気をつける。なお、蕪のすり流しを冬の椀に仕立てるなら、下仁田ネギの代わりに玉子豆腐を盛るとよい。

［プロセス］

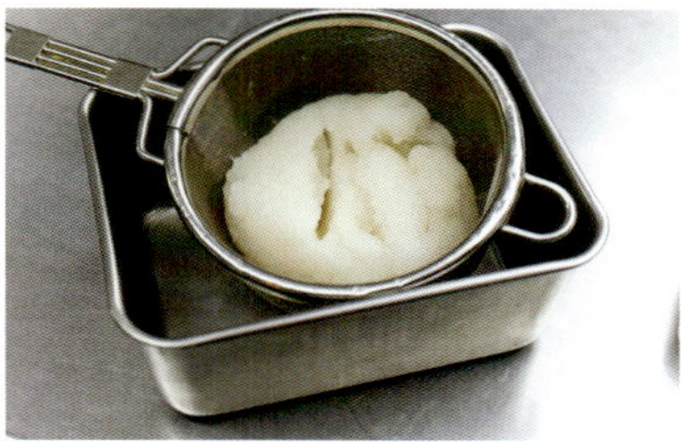

[作り方]

1 … カブをすりおろし、油漉しに入れて、適度に汁気をきる。
2 … 二番だしを温め、塩、淡口醤油で味をととのえる。
3 … 1を加える。
4 … 水溶きした吉野葛を加え、薄葛仕立てとする。
5 … フグの白子に串を打ち、炭火で焼く。
6 … 下仁田ネギに串を打ち、炭火で焼き、吸い地に浸ける。
7 … 器の大きさに合わせて下仁田ネギを切り分け、底に入れる。輪切りにしたフグの白子をのせ、4を流し、アラレに切ったユズの皮を天に盛る。

[材料]

カブ、フグの白子、下仁田ネギ 適量
二番だし、塩、淡口醤油、吉野葛、ユズ 適量

椀替わり09
奥田 透（銀座 小十）

蟹のだししゃぶ

鍋ではなく、湯呑み茶碗に入ったズワイガニのしゃぶしゃぶは見た目にも強烈なインパクト。水っぽくならないように蟹の殻を加えた二番だしで加熱し、曲がった関節を利用して縁に掛けるようにして提供する。

湯呑み茶碗で提供する温度差を楽しむ独自の蟹しゃぶ

ズワイガニは火の通し加減が繊細なため、鍋にすると加熱しすぎになりがちだ。食べ手に加熱を任せずに、作り手側でコントロールしたくて考え付いたのが、この提供法。湯呑み茶碗に熱々のカニのだしを半分くらい張り、そこにカニの棒身を入れる。カニの身の汁に浸かった下半分は刻一刻と火が通っていくが、汁より上はミディアムレアや刺身に近い状態のままとなる。わざと火の通し具合に差をつけて、その温度差や味の変化を楽しんでもらう。

[プロセス]

[作り方]

1 … ズワイガニの脚をはずす。甲羅や殻はだしを取るのに使うのでとりおく。
2 … 脚の殻を逆さ包丁ではぐように切りはずす。
3 … 甲と脚をつないでいた関節を切り落とす。
4 … 脚の関節を折り曲げて、斜めに切り落とす。こうすることで蟹の腱が切断されて、身がはずれやすくなる。
5 … 脚の先の爪を切り落とす。
6 … 身と殻の間にパレットナイフを差し込んで、はずれやすくする。
7 … 二番だしで甲羅や殻を加熱して蟹のだしをとる。沸かして6のカニを差し入れ、表面が赤くなったら引き出す。
8 … 爪の先の殻を残したまま、殻から身をはずして棒身にする。漉して、温めた7の地を湯呑み茶碗に半分くらい注ぎ、カニの脚をひっかけるようにして棒身を入れる。

[材料]

ズワイガニ、二番だし 適量

索引

椀種（主素材）
あしらい（副素材）
吸い口（香味）
椀地（汁）

椀種（主素材）

アイナメ…036
アマダイ（赤）…092
アマダイ（白）…086, 088
アユ（稚魚）…018
アユ…052
アワビ…046, 050, 108, 148
アワビ（肝豆腐）…050
イセエビ…042
イチジク…078
ウズラ…096
ウニ…152, 154
オコゼ…082
カブ…108, 112, 116
カモ…034, 100
カラスミ…122
カワハギ…120
ギュウニク…144
クエ…094
クマ…110
クリ…090
クロメバル…026
ケガニ…056, 084
コイ…038
コチ…064, 066
胡麻豆腐…086
サマツタケ…064
サンショウ（花）…144
下仁田ネギ…158
シメジ…156
ジャガイモ…056
シラウオ…032
白子（タイ・しんじょう）…146
白子（フグ）…106, 124, 158

スズキ…062
スッポン…076, 098, 102
ズワイガニ…112, 126, 160
素麺…052, 058
タイ…016, 028, 116, 122
ダイコン…122
タケノコ…020, 024
玉子豆腐…028, 032
タモギタケ…156
トウガン…046
玉蜀黍豆腐…066, 152
トチノミ…114
ハマグリ…020, 022, 030
ハモ…048, 054, 058, 150
ハモ（しんじょう）…080
フグ…106
ホタテガイ（しんじょう）…130
マイタケ…156
マグロ…060
マツタケ…064, 080, 088, 092, 098
ミズ菜…110
餅…076, 096
モチアワ…094
モチ米（白蒸し）…048
モチ米（黄飯）…090
野菜ゼリー寄せ…154
ヤマブシタケ…156
レンコン…084
若竹豆腐…040
ワカメ…016, 024
ワタリガニ…128
ワラビ豆腐…026

あしらい（副素材）

アスパラガス（白）…034
アスパラガス（緑）…050
アマランサス…152
粟麩…082
糸カボチャ…052, 062
インゲンマメ…054, 062
ウド…018, 022, 040, 118
ウルイ…040
エダマメ…148
大阪キクナ…086
オカヒジキ…060
オクラ…058, 066
カボチャ…038
キクラゲ…062
菊花…092
キュウリ…148
金箔…124
クリタケ…094
クルマエビ…146
コゴミ…030, 040
勝間ナンキン…094
ゴボウ…118, 124
小メロン…058
桜麩…030
シイタケ…028, 036, 118
軸三ツ葉…062, 118
シュンギク…092
ジュンサイ…054
白ネギ…076
新ゴボウ…062
新レンコン…062
水蓮菜…150
すだれ麩…100
セリ…034, 040
ソラマメ…040, 050
ソラマメ（つる）…152
ソラマメ（花、つる、豆）…146
大黒シメジ…056
ダイコン…028, 096, 100, 110, 118, 122, 124, 126, 130
玉造黒門越ウリ…052
タモギタケ…156
タラノメ…028, 030, 036, 040
チシャトウ…118
ツクシ…030
つぼみ菜…030
ツルムラサキ…086
トウガン…046, 102
鳥飼ナス…060
菜ノ花…026, 040
ナメコ…094
生ユバ…088, 148
難波ネギ…128
ニンジン…018, 028, 096, 110, 114, 118, 122, 124, 126, 130
ヌメリイグチ…094
ノビル…034
ハクサイ…106
ハスイモ…152
バチコ…112
ハナウド…034
ヒラマメ…080
フキ…030
フグ（身皮）…106
ベビーコーン…062
ホウレン草…096, 126
マイタケ…096, 122, 130
万願寺トウガラシ…062
ミョウガ…062
ムレオフウセンダケ…094
芽カブ…112, 116, 124, 130
芽カンゾウ…022, 124
よもぎ麩…034, 036
卵黄…114
ワラビ…026, 030, 032, 040
ワラビ（板）…020

吸い口（香味）

アサツキ…106, 120
ウド…020, 036
菊花…064
木ノ芽…018, 020, 024, 028, 036, 040, 118
金針花香煎…152
クコノ実…080
サンショウ（粉）…124
サンショウ（花）…034, 042
サンショウ（実）…048
シソ（花穂）…058
七味トウガラシ…120, 128
ショウガ（搾り汁）…038
ショウガ（針）…046
スダチ…060
スダチ（搾り汁）…082
タマネギの芽…102
ディルの花…146
ネギ（白髪）…016, 082, 102, 128
ネギ（芽）…016, 082, 100, 148
梅肉…066
フィンガーライム…094
ぶぶあられ…084
三ツ葉…114
ミョウガ（針）…052
ミョウガ…094
紅葉おろし…106
ユズ（青）…064, 066, 088, 098
ユズ（青・おろし）…046, 054, 078, 092, 154
ユズ（黄）…080, 096, 116, 126, 130
ユズ（黄・あられ）…110, 112, 122, 158
ユズ（黄・おろし）…108
ユズ（花）…026, 058
柚子胡椒…094
ワサビ…060, 086
ワサビ（花）…030

椀地（汁）

潮仕立て…016, 020, 022, 030
薄葛仕立て…046, 048, 090
蟹だし…160
昆布だし…144
菊花仕立て…102
茸汁…094
酒塩地…018
清汁…024, 026, 036, 050, 052, 054, 056, 060, 062, 064, 066, 084, 092, 096, 112, 118, 122, 126, 130
すり流し（アワビ）…152
すり流し（ウスイマメ）…032
すり流し（エダマメ）…078
すり流し（カブ）…158
すり流し（ゴボウ）…124
すり流し（サクラエビ）…028
すり流し（ソラマメ）…146
すり流し（豆腐）…148
すり流し（トウモロコシ）…154
すり流し（ハモ）…152
共地…034, 038, 040, 042, 058, 080, 088, 100, 106, 108, 110, 116, 150
鱧だし…156
丸仕立て…076, 082, 098
味噌仕立て…114, 128
みぞれ仕立て（ダイコン）…120
みぞれ仕立て（レンコン）…086

［器協力］（一部）
㈱尚古堂

［参考文献］
椀盛入門
（後藤紘一良著・柴田書店）
漆芸品の鑑賞基礎知識
（小松大秀／加藤寛著・至文堂）
ほんものの漆器——買い方と使い方
（荒川浩和／山本英明／高森寛子 他 著・新潮社）
漆椀の世界——時代椀と輪島塗椀——
（石川県輪島漆芸美術館）
うるしの話ブックレット vol.1～5
（輪島漆器商工業協同組合）

［取材先住所］
銀座 小十
〒104-0061 東京都中央区銀座5丁目4-8
祇園 末友
〒605-0811 京都府京都市東山区 大和大路四条下る4丁目小松町151-73
北新地 弧柳
〒530-0003 大阪府大阪市北区堂島1丁目5-1 エスパス北新地23-1F

日本料理の 季節の椀

2018 年 11 月 15 日初版印刷
2018 年 11 月 30 日初版発行

著者Ⓒ｜奥田 透＋末友久史＋松尾慎太郎
発行者｜丸山兼一
発行所｜株式会社柴田書店
〒113-8477 東京都文京区湯島 3-26-9 イヤサカビル
電話 営業部：03-5816-8282（注文・問合せ）書籍編集部：03-5816-8260
http://www.shibatashoten.co.jp
印刷・製本｜大日本印刷株式会社

本書収録内容の無断転載・複写（コピー）・引用・データ配信等の行為は固く禁じます。
落丁・乱丁本はお取り替え致します。

ISBN 978-4-388-06272-0 C2077
Printed in Japan
Ⓒ Toru Okuda + Hisashi Suetomo + Shintaro Matsuo